NUEVO DELE B2

RAMÓN DÍEZ GALÁN

ÍNDICE

Consejos para el DELE B2 — p.3

Modelo 1: Tecnología, economía e innovación — p.8

Modelo 2: Salud, cuerpo y aspecto — p.42

Modelo 3: Sociedad, información y medio ambiente — p.77

Modelo 4: Viajes, compras y alimentación — p.111

Soluciones y transcripciones — p.146

Los audios se encuentran en el vídeo de YouTube:
"Comprensión Auditiva examen DELE B2 2021"

En la descripción del vídeo están los enlaces a todas las tareas.

También puedes descargar el audio en **MP3** desde la siguiente dirección web:

www.bit.ly/nuevodeleb2

Si tienes cualquier duda, problema o necesitas el audio en otro formato, puedes **escribirme un e-mail**:

ramondiezgalan@gmail.com

CONSEJOS PARA EL DELE B2

COMPRENSIÓN DE LECTURA

Puedes subrayar o marcar las palabras importantes en el **cuadernillo del examen**.

Es importante leer bien todas las opciones, muchas veces una de las posibles respuestas tiene una palabra "trampa" que está en el texto exactamente igual, pero la frase tiene un significado diferente.

Organízate bien y **no pierdas el tiempo**, si ves que una tarea te da más problemas que las otras quizás sea mejor dejarla para la última, así no te entrarán nervios por ver el tiempo correr.

Los **sinónimos** y **antónimos** son muy importantes, suelen aparecer en el texto y en las respuestas, por ejemplo:

fecha de expiración – validez

ceremonia – celebración

educación – enseñanza

Normalmente, **las preguntas están en el mismo orden en el texto**. Por ejemplo, la pregunta 1 se encuentra en el primer párrafo, mientras que la pregunta 2 está en el segundo párrafo.

Debes responder a todas las preguntas, los errores no quitan aciertos. Solo hay que seleccionar una opción para cada una de las preguntas, debes hacerlo utilizando un lápiz en la **Hoja de respuestas** del siguiente modo.

Si acabas pronto, revisa que todo esté bien y prepárate para la prueba de comprensión auditiva, puedes leer las posibles respuestas y tratar de entenderlas bien.

COMPRENSIÓN AUDITIVA

Vas a escuchar los audios dos veces. Controla los nervios, si la primera vez no lo entiendes bien, lo vas a volver a escuchar.

Antes de escuchar los audios, es muy importante haber leído bien todas las preguntas y posibles respuestas. Puedes tomar notas y marcar las palabras que piensas que son importantes en el **cuadernillo del examen**.

Responde a todas las preguntas, los errores no quitan aciertos.

Normalmente, **las preguntas están en el mismo orden que la información del audio**.

Fíjate bien en las **negaciones** y **afirmaciones** de las personas que hablan, al igual que en la prueba de comprensión de lectura, aquí hay respuestas "trampa" que mencionan algo del texto, pero que no son correctas.

Debes contestar utilizando un lápiz en la **hoja de respuestas**, del mismo modo que en la comprensión de lectura.

EXPRESIÓN E INTERACCIÓN ESCRITAS

En esta prueba es muy importante que tengas en cuenta el tiempo previsto (**80 minutos**). Practica en tu casa escribiendo textos y contando lo que tardas en hacerlos.

En la tarea 1 haz un esquema mientras escuchas el audio, esto te ayudará a redactar el texto sin perder información importante.

Responde a todos los puntos que se te piden en la tarea. No te olvides de saludar y despedirte si es necesario.

Debes **respetar la cantidad de palabras propuestas**, no pasa nada por escribir 10 palabras de más, pero intenta que no sean 50.

Cuidado con los errores ortográficos, especialmente las tildes y los signos de puntuación. Trata de no repetir la misma palabra varias veces en una oración, utiliza **sinónimos**.

Utiliza oraciones que sabes que son correctas, es una buena idea tener expresiones ya preparadas de casa que quedan bien en varios textos, por ejemplo: "Me dirijo a vosotros con la intención de presentaros un nuevo producto...", "aunque al principio no me convenció, tengo que admitir que, tras haberlo probado,...", "espero que mi mensaje os haya hecho reflexionar".

Recuerda que es **muy importante utilizar conectores** en tus textos, estos son algunos de los más prácticos en nivel B2:

- Aditivos: no solo... sino también, asimismo.
- Consecutivos: en consecuencia, por lo tanto, de modo que.
- Ordenadores: para empezar, en segundo lugar, por otro lado, por otra parte, en conclusión, para concluir, por último.
- Contraargumentativos: a pesar de que..., aunque, sin embargo, no obstante, en cambio, por el contrario.
- Justificativos: puesto que, ya que.
- Explicativos: o sea, es decir, en otras palabras.
- Focalizadores: en cuanto a, respecto a, en relación con, cabe destacar que..., me gustaría destacar que...
- Recapitulativos: en definitiva, para resumir, en conclusión.

EXPRESIÓN E INTERACCIÓN ORALES

Utiliza bien los **20 minutos** que tienes para **prepararte**.

Puedes tomar apuntes, haz un **esquema** de las cosas que quieres decir, usando palabras o frases cortas, así va a ser más fácil hablar de diferentes temas sin bloquearte.

Recuerda que puedes decir mentiras, al examinador no le importa si opinas que los impuestos son buenos o malos para la sociedad. No te bloquees por tener dudas sobre si la información que estás aportando es 100% correcta, la **fluidez** del discurso es clave.

Los examinadores van a fijarse en el uso de la gramática que haces, trata de **no cometer errores** con los tiempos verbales.

En la **Tarea 1** recuerda estructurar bien tu discurso, empezando con una brevísima introducción del tema y tratando al menos cuatro de las diferentes propuestas. Recuerda hacer contrastes:

· "Aunque esto pueda ser bueno para los empresarios, sin duda alguna, resultaría un desastre para los trabajadores".

· "Esta medida me parece muy positiva a corto plazo, no obstante los costes irán creciendo con el paso de los años y será inviable".

Intenta mejorar una de las propuestas:

· "Yo no solo haría esto, sino que además añadiría…"

Para describir las imágenes de la **Tarea 2** puedes seguir esta estructura:

- DESCRIPCIÓN
- TIEMPO Y LOCALIZACIÓN
- RELACIÓN ENTRE ELLOS
- SENTIMIENTOS
- HABLAR DE UN POSIBLE PASADO Y FUTURO

En la **Tarea 3** debes sacar todo tu repertorio lingüístico y sorprender al examinador, esta tarea no se prepara previamente, pero sí que puedes utilizar expresiones que ya traes memorizadas de casa, como por ejemplo:

· "No me esperaba que… + subjuntivo".

· "La verdad, me sorprende mucho que… + subjuntivo".

· "Yo, al igual que la mayoría de la gente de mi país…"

· "Este dato no me extraña nada, teniendo en cuenta que…"

COSAS IMPORTANTES PARA EL EXAMEN

· Hacer noche, dar besos, tener lugar, poner fecha.

· Lenguaje formal (muy señor mío, un cordial saludo…)

· No obstante (estudié mucho, no obstante, suspendí el examen…)

· Oraciones subordinadas (Dijo que llamaras cuando llegaras…)

· Tanto si… como si…, por más que…, por mucho que…

· El chico del que te hablé, la foto que te enseñé, la película que vimos.

· Repentinamente, definitivamente, continuamente, instantáneamente, repetidamente…

· Afortunadamente, desgraciadamente, desafortunadamente, lamentablemente…

· El lugar donde nos conocimos, quedamos donde la última vez, lo haré como quieras…

· Imperfecto para expresar ideas (pensaba que él era más inteligente, creía en sus ideas)

· Imperfecto/condicional para expresar futuro en el pasado (dijo que iba a venir/vendría)

· Subjuntivo en pasado (buscaba un empleado que hablara ruso, yo quería que vinieran)

· Participio (las puertas estarán abiertas, me miró sorprendido)

· Gerundio (llegó corriendo, me lo dijo gritando, tengo todo el cuerpo temblando)

· Adjetivos con ser/estar (es listo, está listo, es verde, está verde…)

· Ponerse, quedarse, hacerse, volverse.

· Verbos con preposiciones (contar con alguien, darse cuenta de algo, confiar en alguien…)

· Negativas con "ni" (ni lo he visto, ni me interesa…)

· Sino (no es blanco, sino negro…)

· La mitad, un tercio, un cuarto, una quinta parte…

· El doble, el triple, veinte veces más…

· Dos de cada diez, uno de cada dos…

· Cualquier, cualquiera.

· Irse (me fui de la fiesta a las 22:00).

· Se abrió la ventana, se rompió el coche.

Más consejos para superar el DELE en YouTube:

VOCABULARIO Y MODELO 1

TECNOLOGÍA, ECONOMÍA E INNOVACIÓN

VOCABULARIO

¿Conoces estas palabras?

Investigación	Competencia
Símbolo	Pedido
Avance	Mercancía
Cifra	Pagar a plazos
Ángulo	Pagar al contado
Porcentaje	Pancarta
Monitor	Pegatina
Altavoz	Promoción
Enlace	Gestión
Cursor	Asociación
Archivo	Plantilla
Célula	Ladrillo
Aluminio	Cemento
Ingresos	Textil
Ganancias	Siderurgia
Pérdidas	Producción en cadena
Préstamo	Renta
La bolsa	Anticipo
Accionista	Comisión
Inversión	Finca

1. Relaciona las siguientes palabras con sus definiciones:

ETT – método – garantía – precisión – indemnización – taller – ahorros – pantalla – delito – grúa

1. Establecimiento en el que se realizan trabajos artesanales o manuales.

2. Máquina que sirve para levantar o transportar de un lugar a otro cosas pesadas. Está formada por una estructura metálica con un brazo móvil horizontal del que cuelga un cable con un gancho.

3. Dinero que se entrega para compensar un daño o perjuicio que se ha causado a una persona.

4. En ciertos aparatos electrónicos, superficie donde aparecen imágenes.

5. Compromiso que adquiere el fabricante de un aparato, durante un tiempo determinado, para reparar gratuitamente las averías que dicho aparato tenga o sustituirlo en caso de avería irreparable.

6. Acción que va en contra de lo establecido por la ley y que es castigada por ella con una pena grave.

7. Siglas de empresa de trabajo temporal, que proporciona un servicio de oferta y demanda de trabajo durante un corto periodo de tiempo.

8. Ajuste completo o fidelidad de un dato, cálculo, medida, expresión, etc. Que está realizado con un margen de error mínimo.

9. Cantidad de dinero que se guarda para un uso futuro.

10. Modo ordenado y sistemático de proceder para llegar a un resultado o fin determinado.

2. Usa los verbos en las siguientes oraciones (conjugados adecuadamente).

declinar – analizar – compaginar – retirar – basarse – quebrar – reiniciar – proveer – configurar – cotizar

1. Hablé con el jefe y me explicó que hace unos años tenía miedo de que la empresa ………………., los resultados económicos eran preocupantes.

2. Tuvimos que ……………… la oferta porque no era lo suficientemente atractiva para nosotros.

3. Es increíble como mi madre, con apenas 25 años de edad, ……………… su carrera profesional con el cuidado de los niños.

4. Todos los trabajadores en España deben ……………… a la Seguridad Social.

5. La empresa que antes nos ……………… de materias primas no era competente, esperemos que la nueva empresa sea más seria.

6. Los científicos ……………… en los resultados obtenidos esta semana para asegurar que este método no es eficaz.

7. Como mi banco no me ofrecía buenas condiciones, ayer, finalmente, ……………… todos los fondos que me quedaban.

8. No ……………… los datos hasta que no te diga, hay que esperar a que nos llegue toda la información.

9. Para apagar y encender rápidamente el ordenador, debes hacer clic en el botón que pone: ……………….

10. Álex, quiero que ……………… mi nuevo portátil, ahora mismo tiene los ajustes de fábrica y no puedo hacer nada.

MODELO 1 HOJA DE RESPUESTAS

Prueba 1. Comprensión de lectura

Tarea 1
1 A☐ B☐ C☐
2 A☐ B☐ C☐
3 A☐ B☐ C☐
4 A☐ B☐ C☐
5 A☐ B☐ C☐
6 A☐ B☐ C☐

Tarea 2
7   A☐ B☐ C☐ D☐
8   A☐ B☐ C☐ D☐
9   A☐ B☐ C☐ D☐
10 A☐ B☐ C☐ D☐
11 A☐ B☐ C☐ D☐
12 A☐ B☐ C☐ D☐
13 A☐ B☐ C☐ D☐
14 A☐ B☐ C☐ D☐
15 A☐ B☐ C☐ D☐
16 A☐ B☐ C☐ D☐

Tarea 3
17 A☐ B☐ C☐ D☐ E☐ F☐ G☐ H☐
18 A☐ B☐ C☐ D☐ E☐ F☐ G☐ H☐
19 A☐ B☐ C☐ D☐ E☐ F☐ G☐ H☐
20 A☐ B☐ C☐ D☐ E☐ F☐ G☐ H☐
21 A☐ B☐ C☐ D☐ E☐ F☐ G☐ H☐
22 A☐ B☐ C☐ D☐ E☐ F☐ G☐ H☐

Tarea 4
23 A☐ B☐ C☐
24 A☐ B☐ C☐
25 A☐ B☐ C☐
26 A☐ B☐ C☐
27 A☐ B☐ C☐
28 A☐ B☐ C☐
29 A☐ B☐ C☐
30 A☐ B☐ C☐
31 A☐ B☐ C☐
32 A☐ B☐ C☐
33 A☐ B☐ C☐
34 A☐ B☐ C☐
35 A☐ B☐ C☐
36 A☐ B☐ C☐

Prueba 2. Comprensión auditiva

Tarea 1
1 A☐ B☐ C☐
2 A☐ B☐ C☐
3 A☐ B☐ C☐
4 A☐ B☐ C☐
5 A☐ B☐ C☐
6 A☐ B☐ C☐

Tarea 2
7   A☐ B☐ C☐
8   A☐ B☐ C☐
9   A☐ B☐ C☐
10 A☐ B☐ C☐
11 A☐ B☐ C☐
12 A☐ B☐ C☐

Tarea 3
13 A☐ B☐ C☐
14 A☐ B☐ C☐
15 A☐ B☐ C☐
16 A☐ B☐ C☐
17 A☐ B☐ C☐
18 A☐ B☐ C☐

Tarea 4
19 A☐ B☐ C☐ D☐ E☐ F☐ G☐ H☐ I☐ J☐
20 A☐ B☐ C☐ D☐ E☐ F☐ G☐ H☐ I☐ J☐
21 A☐ B☐ C☐ D☐ E☐ F☐ G☐ H☐ I☐ J☐
22 A☐ B☐ C☐ D☐ E☐ F☐ G☐ H☐ I☐ J☐
23 A☐ B☐ C☐ D☐ E☐ F☐ G☐ H☐ I☐ J☐
24 A☐ B☐ C☐ D☐ E☐ F☐ G☐ H☐ I☐ J☐

Tarea 5
25 A☐ B☐ C☐
26 A☐ B☐ C☐
27 A☐ B☐ C☐
28 A☐ B☐ C☐
29 A☐ B☐ C☐
30 A☐ B☐ C☐

PRUEBA 1
COMPRENSIÓN DE LECTURA

La prueba de **Comprensión de lectura** contiene cuatro tareas. Usted debe responder a 36 preguntas. Marque sus opciones únicamente en la **Hoja de respuestas**.

Duración: 70 minutos.

TAREA 1

Instrucciones
Usted va a leer un texto sobre el 5G. Después, debe contestar a las preguntas (1-6). Seleccione la respuesta correcta (a / b / c). Marque las opciones elegidas en la **Hoja de respuestas**.

Qué es el 5G y cómo nos cambiará la vida

El 5G está en boca de todos. Esta nueva tecnología móvil aumentará la velocidad de conexión, reducirá al mínimo la latencia (tiempo de respuesta de la web) y multiplicará el número de dispositivos vinculados. En otras palabras: estaremos conectados a todo, todo el día, y en el menor tiempo posible.

Al igual que ha ocurrido con otras muchas mejoras tecnológicas, el 5G ya está aquí, y lo hará para quedarse, más allá de las guerras tecnológicas entre China y Estados Unidos. La implantación de la red móvil de quinta generación supone una auténtica revolución tecnológica que permitirá, por ejemplo, hacer intervenciones quirúrgicas a distancia, como la realizada recientemente en Barcelona, desplegar nuevas flotas de vehículos autónomos y coordinar los trabajos agrícolas a través de sensores instalados en el campo de cultivo.

La denominación de 5G se refiere a la quinta generación de redes móviles que conocemos. Atrás quedó la antigua red de 1G, la de aquellos primeros teléfonos móviles que solo permitían hablar. La tecnología 2G introdujo los SMS, y poco a poco nuestro 'smartphone' se convirtió en una herramienta de comunicación cada vez más amplia. Primero se incorporó la conexión a Internet (3G) y después llegó la banda ancha (4G), lo que trajo consigo la reproducción de vídeos en tiempo real (streaming), algo a lo que ya estamos muy acostumbrados, pero que hace unos años era completamente inviable.

El avance más significativo vendrá de la mano de la velocidad. El 5G permitirá navegar hasta a 10 gigabytes por segundo, 10 veces más rápido que las principales ofertas de fibra óptica del mercado. Se podrá, por ejemplo, descargar una película completa en cuestión de segundos. Además, la latencia también experimentará un avance significativo. Según los operadores, esta podría reducirse a 5 milisegundos, un período casi imperceptible para los humanos, lo cual nos permitirá conectarnos prácticamente en tiempo real. Este dato es especialmente importante, por ejemplo, para minimizar el tiempo de respuesta de un vehículo autónomo y así mejorar la seguridad tanto de los ocupantes como de los peatones.

La OMS (Organización Mundial de la Salud) calificó la tecnología inalámbrica como poco nociva. Sin embargo, a pesar de que la OMS haya afirmado que "los estudios realizados hasta la fecha no indican que la exposición al 5G aumente el riesgo de cáncer o de cualquier otra enfermedad", desde ciertas organizaciones alertan de los potenciales peligros para la salud de las ondas de telefonía móvil. Por ejemplo, la ONG Ecologistas en Acción emitió recientemente un comunicado en el que alertaba de que la implantación del 5G se había llevado a cabo "sin evaluar sus posibles efectos sanitarios y ambientales, a pesar de los contundentes y numerosos llamamientos científicos a aplicar el principio de precaución".

Adaptado de: www.nationalgeographic.com

PREGUNTAS

1. Según menciona el texto…
   a) el tema de la tecnología 5G es muy popular en la actualidad.
   b) la nueva tecnología hará que tengamos más latencia que nunca.
   c) hacer multiplicaciones será más sencillo.

2. La guerra tecnológica entre EEUU y China…
   a) decidirá si se implanta o no el 5G.
   b) es lo que dio lugar a la tecnología 5G.
   c) no afectará a la aplicación del 5G.

3. Gracias a esta nueva tecnología…
   a) se frenará la revolución automovilística.
   b) ya se han realizado las primeras operaciones médicas remotas.
   c) los agricultores podrán agilizar su cadena de distribución de productos.

4. Los teléfonos inteligentes o "Smartphones"…
   a) son el fruto de una evolución constante.
   b) aparecieron con la primera generación de redes móviles.
   c) no incorporaron Internet hasta que llegó la banda ancha.

5. En cuanto a la velocidad del 5G, el texto asegura que…
   a) exclusivamente se empleará para descargar vídeos ilegalmente.
   b) actualmente, las ofertas de fibra óptica son muy competitivas y no tendrán nada que envidiar.
   c) aumentará en gran proporción con respecto a lo que ahora ofrecen las operadoras de telefonía.

6. Al hablar sobre la seguridad del 5G, el texto menciona que…
   a) la OMS teme que aumente el riesgo de sufrir cáncer.
   b) una organización no gubernamental critica que no haya habido investigación previa de los peligros del 5G.
   c) las organizaciones apoyan el criterio de la OMS.

TAREA 2

INSTRUCCIONES

Usted va a leer cuatro textos sobre experiencias profesionales. Relacione las preguntas (7-16) con los textos (A, B, C y D).

Marque las opciones elegidas en la **Hoja de respuestas**.

PREGUNTAS

		A. FER	B. ANA	C. PAU	D. EVA
7.	¿Quién admite ser una persona cobarde?				
8.	¿Quién rompió con su pareja al encontrar trabajo?				
9.	¿Quién dice que se cansa mucho al realizar su trabajo?				
10.	¿Quién dice que su profesión se ha beneficiado de un avance tecnológico?				
11.	¿Quién se ha mudado a una casa más pequeña?				
12.	¿Quién dice que no necesitaba la calculadora para hacer cálculos?				
13.	¿Quién cuenta que su pareja falleció?				
14.	¿Quién confiesa ser una persona ambiciosa?				
15.	¿Quién dice que es una persona constante y continúa con su educación?				
16.	¿Quién dice que su jefe está un poco loco?				

TEXTOS

A. FER

Empecé a crear bases de datos por mi cuenta cuando tenía trece años, siempre he sido bueno con los números. En mi carrera era famoso porque podía calcular mentalmente sin cometer errores en operaciones matemáticas complejas. Al terminar mis estudios con las mejores notas de la promoción varias empresas se pusieron en contacto conmigo. Tras meditarlo mucho, me decidí por una empresa extranjera, ya que estaba pasando por una situación complicada en mi relación amorosa y llegué a la conclusión de que no había ningún sentido en mantener algo que no tenía futuro. Sin duda alguna, tomé la decisión correcta. Estoy teniendo mucho éxito y he creado un canal de YouTube para ayudar a jóvenes emprendedores con mis videotutoriales. A todo el mundo que me pregunta le digo lo mismo "Haz como yo, organízate como si fueras un capitán de las fuerzas armadas, con un horario muy estricto, y nunca dejes de formarte".

B. ANA

Quién me iba a decir a mí que acabaría siendo analista de riesgo para una aseguradora. Los números nunca fueron lo mío, y eso que en la universidad aprobé todos los exámenes de matemáticas sin complicaciones. Creo que el sistema era un poco injusto, ya que nuestro profesor valoraba mucho el trabajo que hacíamos en casa y yo usaba siempre la calculadora de mi móvil para hacer rápidamente los controles. Ahora me dedico a calcular el precio del seguro para cada cliente, no es una tarea fácil y sobre mí recae una gran responsabilidad, cada día vuelvo a casa agotada. No puedo presumir de estar en mi mejor momento, he abandonado mi educación y mi vida se ha vuelto monótona, me quedé viuda hace un año y creo que eso también está afectando a mi rendimiento, tengo que hacer algo con mi vida o acabaré deprimida.

C. PAU

Toda mi vida ha girado en torno a una gran mentira. Engañé a mis padres cuando tenía veintitrés años y les dije que había terminado los estudios de química. Luego ya no había vuelta atrás, mi destino me arrastró como si fuera una bola de nieve. Mi padre me consiguió un empleo en la empresa de un conocido, tuve que falsificar mi diploma y mentir en la entrevista de trabajo. Sé que debería haberlo hecho de otro modo, pero nunca he sido lo suficientemente valiente como para enfrentarme a la realidad. Bueno, lo realmente importante es que llevo ejerciendo ya cinco años como químico en una empresa farmacéutica. Mi jefe está como una cabra y creo que, gracias a eso, no se ha fijado en mi falta de conocimientos, al principio tenía una infinidad de dudas que mis compañeros me ayudaron a resolver, pero ahora creo que lo hago bastante bien.

D. EVA

Soy abogada, trabajo en el bufete más prestigioso de Valencia. En los estudios era una máquina, lo memorizaba todo en cuestión de minutos y apenas necesitaba tomar apuntes. Mi jefe es un hombre de ochenta años que lleva toda la vida en el mundo del derecho, asegura que prefiere morir en la oficina antes que en su casa. Es una persona asombrosa, aprendo muchísimo de él y me encantan sus anécdotas. Solo de pensar que hace apenas treinta años redactaban todos los documentos a mano se me ponen los pelos de punta, yo no sé qué haría sin mi portátil. Mi trabajo ha absorbido mi vida, antes tenía un chalé en la periferia, pero lo he cambiado por un estudio aquí cerca del bufete, en el casco antiguo. Apenas tengo tiempo para relaciones personales, pues ahora mismo solo pienso en ascender y en llegar a ser la mejor abogada de la ciudad.

TAREA 3

INSTRUCCIONES

Lea el siguiente texto, del que se han extraído seis fragmentos. A continuación, lea los ocho fragmentos propuestos (A-H) y decida en qué lugar del texto (17-22) hay que colocar cada uno de ellos.
HAY DOS FRAGMENTOS QUE NO TIENE QUE ELEGIR.
Marque las opciones elegidas en la **Hoja de respuestas**.

'El Hoyo' y 'La trinchera infinita' distinguidas por la EFA

Los European Film Awards (EFA) de este año se presentan, ...(17).................. El actual Presidente de la Academia del Cine Europeo, Wim Wenders y la Directora de la EFA, Marion Döring, han dado a conocer a los ganadores de los premios técnicos europeos a la Excelencia 2020, con presencia española entre los galardonados.

Entre los premiados de este año se encuentran Yolanda Piña, Félix Terrero y Nacho Diaz por el maquillaje y la peluquería de 'La trinchera infinita' e Iñaki Madariaga, por los efectos visuales de 'El Hoyo', ...(18)..................

Contra lo que pueda parecer, 'El hoyo' es una película de bajo presupuesto, salida de las ayudas del ICAA, ...(19).................., aunque la adquiriese Netflix y haya tenido una gran repercusión internacional. Pocas veces películas de este perfil optan a premios a los mejores efectos especiales. Madariaga opina que la clave de este trabajo es el compromiso personal por encima de factores puramente económicos: "Más que decirle a un director que no se puede hacer algo, lo que muchas veces nos gustaría decirles a los cineastas es que con el dinero que tienen no hagan eso, pero luego les dices todo lo contrario y, al final, lo acabas haciendo, es pasión", concluye.

Se da la circunstancia de que 'La trinchera infinita', de Aitor Arregi, Jon Garaño y Jose Mari Goenaga, ...(20).................., en la categoría de Mejor Película Internacional.

'La trinchera infinita' es una producción vasco-andaluza que tiene su origen en el documental '30 años de oscuridad', ...(21).................. Las tres compañías se volvieron a unir para 'La trinchera infinita'. La participación de Televisión Española, EITB, Canal Sur, ICAA, Junta de Andalucía y Gobierno Vasco fue fundamental para levantar la financiación. La película también fue adquirida posteriormente por Netflix.

Protagonizada por Antonio de la Torre y Belén Cuesta, ...(22).................. 'La trinchera infinita' recibió cerca de 1,2 millones de euros del ICAA sobre un presupuesto de casi tres, en el primer procedimiento de ayudas generales del ICAA del año 2017. La taquilla en los cines españoles se acercó a 1,3 millones de euros con unos 226.400 espectadores. Cabe destacar que 'La trinchera infinita' también estaba en la primera selección de los Premios del Cine Europeo que se entregan en diciembre de este año.

Adaptado de: www.audiovisual451.com

FRAGMENTOS

A. es la representante española en la carrera para la 93ª edición de los Premios Oscar

B. ella en uno de sus primeros papeles dramáticos

C. por primera vez, como una serie de eventos virtuales en el mes de diciembre

D. a mediados del rodaje ya sabían que el estreno sería un fracaso

E. que anteriormente ya estuvieron nominados en su categoría en la pasada edición de los Premios Goya

F. dicho director hizo a su vez de guionista para ahorrar presupuesto

G. destinadas a aquellas películas de menos de 1,8 millones de euros

H. de Manuel H. Martín y coproducido por La Claqueta PC y Moriarti e Irusoin

TAREA 4

INSTRUCCIONES

Lea el texto y rellene los huecos (23-36) con la opción correcta (a / b / c).

Marque las opciones elegidas en la **Hoja de respuestas**.

Amazon desvela Zoox, su espectacular coche autónomo

Finalmente es oficial, Zoox (subsidiaria de Amazon) ha presentado su primer vehículo autónomo, después de que la semana pasada ......(23)....... imágenes del coche. El robotaxi Zoox está diseñado específicamente para transportar pasajeros por las ciudades. Y para ello tiene un diseño de lo más ......(24)......., donde no solamente no hay volante, sino que tampoco hay parte delantera o ......(25).......

Zoox fue fundada en 2014 y el pasado mes de junio fue ......(26)....... por Amazon por un total de unos 1.200 millones de dólares. Su visión de los vehículos autónomos es bastante diferente a la de otros fabricantes. Al centrarse en los taxis, los vehículos no tienen el diseño tradicional al que estamos acostumbrados ......(27)....... ver en un coche.

El Zoox (nombre tanto del coche como de la marca) es un vehículo en forma de cubículo con una cabina que trata de tener todo el espacio posible entre las cuatro ruedas. Es considerablemente alto y permite entrar prácticamente de pie en él. Una vez dentro, el espacio interior es similar al de un metro. Los ......(28)....... se encuentran a ambas partes del coche, ya que, ...(29)....... de no haber conductor con volante, tampoco hay una dirección que puedas decir que es el frente y otra la parte ......(30).......

Su tamaño es de unos tres metros y medio de largo por casi dos de alto. El interior cuenta con cuatro asientos y ......(31)....... al máximo el espacio colocando, por ejemplo, puertas corredizas o un techo de cristal. Cuenta con pequeños detalles especialmente pensados para pasajeros temporales como por ejemplo cargador para cada asiento, pantallas ......(32)......., controles de climatización y portavasos, entre otras cosas.

El vehículo puede moverse en ambas direcciones sin importar cuál de ellas es la principal. Alcanza una velocidad de 120 kilómetros por hora y, si bien no han dado datos exactos de autonomía, aseguran que puede ……(33)……. durante 16 horas con su batería de 133 kWh.

En cuanto a su "inteligencia", Amazon dice que se puede conducir de forma totalmente autónoma. Para ello, dispone de multitud de sensores y cámaras que le permiten ver a unos 150 metros en todas las direcciones. Como detalle interesante, tanto las luces como altavoces externos comunican las intenciones del vehículo a otros coches o ……(34)…….

Si bien el vehículo apunta a ser espectacular por su diseño, no es el primero en apostar por ello. General Motors tiene una idea muy parecida en mente. En ambos casos, el coche no va a venderse a particulares, ……(35)……. que se ofrecerá como flota de taxis autónomos en distintas ciudades. No hay una fecha determinada para que lo ……(36)……. en las calles, aunque Zoox asegura que ya lo están probando en Las Vegas y San Francisco.

Adaptado de: www.xataka.com

OPCIONES

23. a) aparecerán   b) aparecieran   c) aparecerían
24. a) peculiar   b) incinerado   c) constante
25. a) detrás   b) trasera   c) delantal
26. a) redactada   b) adquirida   c) arreglada
27. a) a   b) en   c) con
28. a) despidos   b) fusiles   c) asientos
29. a) además   b) aunque   c) salvo
30. a) apretada   b) poniente   c) posterior
31. a) entierra   b) aprovecha   c) digiere
32. a) táctiles   b) pinchadas   c) marginadas
33. a) denunciar   b) confesar   c) circular
34. a) secuestradores b) peatones   c) deudores
35. a) sino   b) si no   c) al margen
36. a) veamos   b) veremos   c) veríamos

PRUEBA 2
COMPRENSIÓN AUDITIVA

Esta prueba contiene cinco tareas. Usted debe responder a 30 preguntas.

Duración: 40 minutos.

Marque las opciones elegidas en la **Hoja de respuestas**.

TAREA 1

INSTRUCCIONES

Usted va a escuchar seis conversaciones breves. Escuche cada conversación dos veces. Después debe contestar a las preguntas (1-6). Seleccione la opción correcta (a / b / c).

Marque las opciones elegidas en la **Hoja de respuestas**.

Tiene 30 segundos para leer las preguntas.

 AUDIO EN MP3 DESCARGABLE O VÍDEO DE YOUTUBE "Comprensión Auditiva examen DELE B2 2021": 0:01

PREGUNTAS

Conversación 1

1. La mujer...
    a) resuelve una duda.
    b) necesita unos pendientes para trabajar.
    c) anula un pedido.

Conversación 2

2. El hombre...
    a) no encuentra algunas prendas de vestir.
    b) no puede encontrar material de oficina.
    c) no sabe dónde está la buhardilla.

Conversación 3

3. En la conversación...
    a) hablan de alguien tacaño.
    b) hablan de alguien amigable.
    c) hablan de alguien tierno.

Conversación 4

4. En la oficina...
    a) tienen problemas con el buzón de email.
    b) la calefacción se estropea con frecuencia.
    c) no funciona la impresora.

Conversación 5

5. El dependiente...
    a) no tiene buenos modales.
    b) no tiene el cable que necesita la mujer en la tienda.
    c) se queja de la desigualdad.

Conversación 6

6. La mujer...
    a) va a visitar al hombre.
    b) propone una inversión.
    c) trabaja en la misma empresa que el hombre.

TAREA 2

INSTRUCCIONES

Usted va a escuchar una conversación entre dos amigos, Luis y Sara. Indique si los enunciados (7-12) se refieren a Luis (A), a Sara (B) o a ninguno de los dos (C). Escuche la conversación dos veces.

Marque las opciones elegidas en la **Hoja de respuestas**.

Tiene 20 segundos para leer los enunciados.

 AUDIO EN MP3 DESCARGABLE O VÍDEO DE YOUTUBE "Comprensión Auditiva examen DELE B2 2021": 02:34

		A. LUIS	B. SARA	C. NINGUNO
7.	Ha hablado con los medios de comunicación.	☐	☐	☐
8.	Puso más peso del que debía en un transporte.	☐	☐	☐
9.	Dice que permitió que hubiera demasiada gente.	☐	☐	☐
10.	Ha roto un utensilio de cocina.	☐	☐	☐
11.	Quiere ir a un lugar donde no haya nadie.	☐	☐	☐
12.	Ha adquirido una cafetera nueva.	☐	☐	☐

TAREA 3

INSTRUCCIONES

Escuche dos veces la entrevista realizada a una joven española. Debe contestar a las preguntas (13-18). Seleccione la respuesta correcta (a / b / c).

Marque las opciones elegidas en la **Hoja de respuestas**.

Tiene 30 segundos para leer las preguntas.

 AUDIO EN MP3 DESCARGABLE O VÍDEO DE YOUTUBE "Comprensión Auditiva examen DELE B2 2021": 04:01

PREGUNTAS

13. La mujer dice que...
    a) se ha inundado la sala donde se celebraba la gala.
    b) ha llegado tarde a la ceremonia de entrega de premios.
    c) le han retirado el premio.

14. Eva Zapata afirma que...
    a) ella trabaja en el mismo lugar que lo hacía su padre.
    b) un problema de salud de un familiar tenía como principal síntoma los sudores incontrolados.
    c) los problemas de visión de su padre fueron a peor.

15. Durante la entrega de la estatuilla...
    a) Eva le ha querido dedicar el premio a su pareja.
    b) se ha cortado la iluminación.
    c) Eva ha recibido un anillo.

16. Eva dice que el proyecto…
   a) estuvo apoyado por las instituciones en todo momento.
   b) inicialmente se financió con dinero que recibió tras la muerte de un familiar.
   c) ha patrocinado a varias empresas locales.

17. La mujer asegura que…
   a) las células del ojo se hacen mayores poco a poco.
   b) las personas que usan gafas no necesitan su aparato.
   c) el dispositivo que ha diseñado es capaz de crear células.

18. Eva comenta que…
   a) los miembros de la asociación confían en ella.
   b) está pensando en jubilarse.
   c) va a celebrar el éxito durante una semana.

TAREA 4

INSTRUCCIONES

Usted va a escuchar a seis personas que hablan sobre economía. Escuche a cada persona dos veces. Seleccione el enunciado (A-I) que corresponde al tema del que habla cada persona (19-24). Hay nueve enunciados, seleccione solamente seis.

Marque las opciones elegidas en la **Hoja de respuestas**.

Tiene 20 segundos para leer los enunciados.

 AUDIO EN MP3 DESCARGABLE O VÍDEO DE YOUTUBE "Comprensión Auditiva examen DELE B2 2021": 06:55

ENUNCIADOS

A.	Hay un grave problema con el desempleo.
B.	La asignatura de economía debería estudiarse en todas las escuelas.
C.	Habla sobre una inspección de un organismo público.
D.	Los anuncios en la radio no son efectivos para la empresa.
E.	Se enteró por la prensa escrita.
F.	Habla sobre la publicidad.
G.	El presidente va a dimitir.
H.	Habla del robo de una inversión.
I.	Los problemas medioambientales afectan a la crianza de animales.

	PERSONA	ENUNCIADO
19.	Persona 1	
20.	Persona 2	
21.	Persona 3	
22.	Persona 4	
23.	Persona 5	
24.	Persona 6	

TAREA 5

INSTRUCCIONES

Usted va a escuchar a una persona que habla de su proyecto. Escuche la audición dos veces. Después debe contestar a las preguntas (25-30). Seleccione la opción correcta (a / b / c).

Marque las opciones elegidas en la **Hoja de respuestas**.

Tiene 30 segundos para leer las preguntas.

 AUDIO EN MP3 DESCARGABLE O VÍDEO DE YOUTUBE "Comprensión Auditiva examen DELE B2 2021": 09:03

PREGUNTAS

25. La persona que habla dice que...
a) no habrá proyección de diapositivas durante la presentación.
b) a menudo vemos gente interesante, cuya situación sentimental desconocemos.
c) en general, no nos falta valor para hablar con desconocidos.

26. El hombre comenta que...
a) los clientes serán exclusivamente personas menores de edad.
b) ya no aguanta las mentiras de sus ligues.
c) su esposa le fue infiel.

27. El producto que quiere vender...
a) lo utilizarán sobre todo las personas comprometidas.
b) facilitará las rupturas matrimoniales.
c) es un pequeño elemento de joyería.

28. La persona que habla...
a) quiere que los que escuchan inviertan en su proyecto.
b) ofrece dinero a los funcionarios.
c) necesita algo menos de medio millón de euros.

29. El hombre...
a) quiere concretar la fecha exacta de la próxima reunión.
b) asegura que los beneficios serán muy altos.
c) no aguanta las modas.

30. La persona que habla...
a) asegura que continuará adelante aunque los otros no lo hagan.
b) desea regalar colgantes a los hijos de los empresarios.
c) propone tomar un café en la terraza de un bar.

PRUEBA 3
EXPRESIÓN E INTERACCIÓN ESCRITAS

Esta prueba contiene 2 tareas.

Duración: 80 minutos.

Haga sus tareas en la **Hoja de respuestas**.

TAREA 1

INSTRUCCIONES

Usted va a escuchar una locución sobre un nuevo producto. A continuación, deberá escribir un correo electrónico a un amigo para informarle sobre lo que ha oído. Escuche la audición dos veces. Tome notas para luego utilizarlas en su correo, en él deberá:

- saludar;
- explicar lo que ha escuchado sobre el nuevo producto;
- decir para qué podría serle útil en su vida;

Número de palabras: **entre 150 y 180**.

AUDIO EN MP3 DESCARGABLE O VÍDEO DE YOUTUBE "Comprensión Auditiva examen DELE B2 2021": 12:11

TAREA 2

INSTRUCCIONES
Elija solo una de las dos opciones.
Número de palabras: **entre 150 y 180**.

OPCIÓN 1

Usted debe escribir una redacción sobre la inversión en investigación de los diferentes países, utilice el siguiente gráfico sobre la cantidad de investigadores para inspirarse:

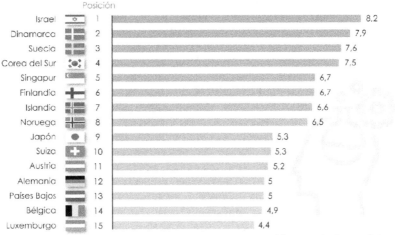

La apuesta por la investigación
Investigadores por cada mil habitantes (último año disponible 2012-2018)

País	Posición	Valor
Israel	1	8,2
Dinamarca	2	7,9
Suecia	3	7,6
Corea del Sur	4	7,5
Singapur	5	6,7
Finlandia	6	6,7
Islandia	7	6,6
Noruega	8	6,5
Japón	9	5,3
Suiza	10	5,3
Austria	11	5,2
Alemania	12	5
Países Bajos	13	5
Bélgica	14	4,9
Luxemburgo	15	4,4

Vía: www.elordenmundial.com

En su redacción, deberá:

- analizar los datos del gráfico, haciendo alguna comparación;
- destacar algún dato curioso, relevante o que le sorprenda;
- imaginar el tipo de investigaciones de alguno de los países;
- comentar la situación de los investigadores en su país.

OPCIÓN 2

Ha realizado un curso de Marketing online en una prestigiosa escuela de negocios. Tras leer el folleto informativo y utilizarlo como guía, escriba un artículo en su blog personal para informar a todos sus seguidores. En su artículo, deberá:

- hablar sobre su experiencia personal al realizar el curso;
- indicar los puntos fuertes del curso;
- explicar cómo este curso puede ayudar a cualquiera.

CURSO AVANZADO DE MARKETING ONLINE

NO CABE LA MENOR DUDA DE QUE VIVIMOS EN UN MUNDO QUE SE VUELVE MÁS Y MÁS DIGITALIZADO, CADA VEZ VEMOS CON MÁS FRECUENCIA QUE LAS GRANDES MARCAS ABANDONAN LA PUBLICIDAD TRADICIONAL PARA APARECER EN VÍDEOS DE YOUTUBE, BANNERS PUBLICITARIOS EN NUESTRAS WEBS PREFERIDAS O CON NOVEDOSAS E INGENIOSAS APLICACIONES MÓVILES QUE NOS AYUDAN O ENTRETIENEN.

NO TE QUEDES ATRÁS, ACTUALIZA TU CURRÍCULUM AL MUNDO ONLINE. OFRECEMOS 220 HORAS LECTIVAS PARA ADENTRARNOS PROFUNDAMENTE EN EL UNIVERSO INFINITO DEL MARKETING EN LA RED. LOS ESTUDIANTES APRENDERÁN A LLEGAR A TODAS PARTES E INFLUIR EN CUALQUIER PERSONA DEL MUNDO A TRAVÉS DE LA RED.

CONTAMOS CON UN ILUSTRE PROFESORADO: DESDE PROGRAMADORES INFORMÁTICOS DE REFERENCIA, HASTA ALGUNO DE LOS EXPERTOS CON MÁS INFLUENCIA EN LAS REDES SOCIALES.

AL TERMINAR EL CURSO, TODOS LOS ESTUDIANTES TENDRÁN LA OPORTUNIDAD DE REALIZAR UNAS PRÁCTICAS DE TRES MESES EN EMPRESAS RECONOCIDAS DEL SECTOR, LA EXPERIENCIA NOS DICE QUE MUCHOS DE ELLOS CONTINÚAN TRABAJANDO DESPUÉS EN ESTAS EMPRESAS.

ESTE PRESTIGIOSO DIPLOMA TE ABRIRÁ UNA GRAN CANTIDAD DE PUERTAS EN TU CARRERA PROFESIONAL.

¿A QUÉ ESTÁS ESPERANDO? PONTE EN CONTACTO CON NOSOTROS Y TE INFORMAREMOS DE TODO, EL NÚMERO DE PLAZAS ES LIMITADO, DATE PRISA.

PRUEBA 4
EXPRESIÓN E INTERACCIÓN ORALES

Esta prueba contiene tres tareas:

Tiene 20 minutos para preparar las Tareas 1 y 2.

Usted puede tomar notas y escribir un esquema de su exposición que podrá consultar durante el examen; en ningún caso podrá limitarse a leer el esquema o sus notas.

TAREA 1

INSTRUCCIONES

Le proponemos dos temas con algunas indicaciones para preparar una exposición oral. Elija uno de ellos. Tendrá que hablar durante 3 o 4 minutos sobre ventajas e inconvenientes de una serie de soluciones propuestas para una situación determinada, comente a quién benefician y a quién perjudican, si habría que modificar algo, etc. A continuación, conversará con el entrevistador sobre el tema durante 2-3 minutos.

OPCIÓN 1. EL PROBLEMA DEL PARO

En su país hay una situación muy grave con el altísimo nivel de desempleo, especialmente entre la población más joven.

En una reunión de expertos se han escuchado las siguientes propuestas, comente su opinión sobre ellas, indicando los aspectos positivos y negativos que podrían tener.

> Deberíamos bajar los sueldos de los trabajadores, así las empresas podrían contratar a más gente.

> Quizás solucionemos el problema si reducimos la jornada laboral a 30 horas, en vez de la actual de 40 horas. Las empresas necesitarían más trabajadores.

> Podemos intentar bloquear la inmigración hacia nuestro país, los extranjeros que vienen nos están dejando sin trabajo.

> Debemos acortar la edad de jubilación hasta los 58 años, así los más jóvenes podrán trabajar.

> Creo que la solución pasa por crear más trabajos públicos, prácticas, voluntariados, etc. Sin remunerar. La gente no ganaría dinero, pero tendría algo que hacer.

> La solución a todo esto es falsificar las estadísticas, las personas son más felices si no conocen los problemas generales del país.

OPCIÓN 2. LA TECNOLOGÍA NACIONAL

Tenemos un problema, nuestra nación no produce apenas tecnología, dependemos de lo que compramos a otros países. Creemos que hay que cambiar esta situación y que nuestros ciudadanos deberían tener la opción de adquirir productos tecnológicos de aquí. Usted forma parte del gobierno, opine sobre estas posibles soluciones:

> Creo que, como gobierno, tenemos que financiar por completo los proyectos innovadores durante sus primeros 3 o 4 años de vida.

> Cada ciudadano debería estar obligado a hacer algo tecnológico en su último año de estudios. Seguro que algunos inventos saldrían buenos.

> No hace falta pensar demasiado. Si copiamos lo que hacen los chinos podemos crear muchas cosas rápidamente.

> No necesitamos gastar dinero, las empresas privadas deben hacer esto, nosotros solo debemos animar a los empresarios a invertir en tecnología.

> Tenemos que dar facilidades a las empresas tecnológicas extranjeras para entrar en nuestro país. Ellas nos mostrarán el camino a seguir.

> Hay que hacer una ley que diga que todos los habitantes del país deben tener equipos informáticos actualizados o deberán pagar multa.

TAREA 2

INSTRUCCIONES

Usted debe imaginar una situación a partir de una fotografía y describirla durante 2 o 3 minutos. A continuación conversará con el entrevistador acerca de sus experiencias y opiniones sobre el tema de la situación. Tenga en cuenta que no hay una respuesta correcta: debe imaginar la situación a partir de las preguntas que se le proporcionan. Deberá elegir una de las dos fotografías.

OPCIÓN 1

- ¿Dónde cree que están? ¿Por qué?
- ¿Qué relación cree que hay entre estas personas?
- ¿Qué imagina que sienten estas personas? ¿Por qué?
- ¿Qué cree que ha pasado? ¿Cómo va a terminar la situación?
- ¿Ha estado usted en alguna situación similar? ¿Cuál?

OPCIÓN 2

- ¿Qué lugar es este? ¿Qué época?
- ¿Qué cree que siente la persona de la imagen?
- ¿Qué cree que va a hacer esta persona durante el día?
- ¿Le gustaría ser astronauta? ¿Por qué?
- ¿Cómo imagina el futuro dentro de 25 años?

TAREA 3

INSTRUCCIONES
Usted debe conversar con el entrevistador sobre los datos de un gráfico, expresando su opinión al respecto. Deberá elegir una de las dos opciones propuestas.

OPCIÓN 1

Potencias turísticas
Países que más ingresos obtienen en millones de $ (2018)

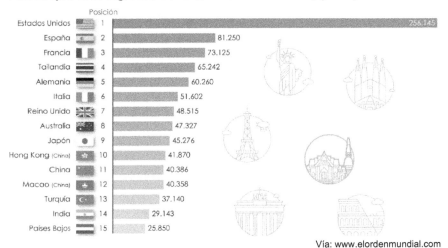

Vía: www.elordenmundial.com

OPCIÓN 2

ENCUESTA SOBRE INVERSIÓN PERSONAL

Tengo mis ahorros en mi casa 27%

Tengo mis ahorros en el banco 32%

Hago inversiones con mis ahorros 12%

No tengo ningún tipo de ahorros 29%

VOCABULARIO Y MODELO 2

SALUD, CUERPO Y ASPECTO

VOCABULARIO

¿Conoces estas palabras?

Frente	Cicatriz
Mejilla	Embarazo
Barbilla	Parto
Ceja	Ansiedad
Pestaña	Apetito
Cana	Esguince
Uña	Escayola
Vena	Mareo
Hígado	Náuseas
Riñón	Camilla
Intestino	Quirófano
Costilla	Cirugía
Nervio	Inyección
Arteria	Pomada
Ciego	Gasa
Sordo	Venda
Lágrima	Laca
Sudor	Gomina
Estatura	Grano
Arrugas	Melena

1. Relaciona las siguientes palabras con sus definiciones:

bautizo – ambulatorio – maquillaje – tumba – esqueleto – diagnóstico – mudo – botiquín – cerebro – estrés

1. Persona que no puede hablar a causa de una discapacidad física o de una lesión en las cuerdas vocales.

2. Cavidad excavada en la tierra o construida sobre ella en la que se entierra el cuerpo muerto de una persona.

3. Establecimiento médico dependiente del sistema de sanidad pública, en el que se presta asistencia médica y farmacéutica a pacientes sin ingresarlos en él.

4. Órgano principal del encéfalo que ocupa la zona anterior y superior del cráneo, que se ocupa de las funciones cognitivas y emotivas y del control de actividades vitales como los movimientos, el sueño, el hambre, etc.

5. Ceremonia cristiana en la que se otorga nombre a una persona, generalmente un bebé.

6. Armario pequeño o estuche en el que se guardan medicamentos y utensilios necesarios para aplicar primeros auxilios.

7. Producto cosmético que se aplica sobre la piel, especialmente la de la cara, para ensalzar su belleza.

8. Conjunto de huesos articulados que sostiene y da consistencia al cuerpo de los vertebrados.

9. Determinación de la naturaleza de una enfermedad mediante la observación de sus síntomas.

10. Estado de cansancio mental provocado por la exigencia de un rendimiento muy superior al normal; suele provocar diversos trastornos físicos y mentales.

2. Usa los verbos en las siguientes oraciones (conjugados adecuadamente).

bostezar – arañar – contagiarse – brindar – incinerar – anestesiar – aplaudir – ponerse – masticar – agotarse

1. Pedro, ……………….. de pie aquí a mi lado, vamos a ver quién es el más alto de los dos.

2. El gato se puso nervioso y le ……………….. en la cara, ahora tiene una marca muy fea en la mejilla.

3. Levantad vuestras copas, vamos a ……………….. por los recién casados.

4. Antes de entrar en el quirófano me tuvieron que ……………….., no me enteré de nada, cuando me desperté ya había terminado todo.

5. Estás ……………….. mucho, ¿seguro que no quieres dormir un poco? Al menos, tápate la boca con la mano cuando lo hagas.

6. Recuerda, cariño, no ……………….. hasta que termine la función y los actores salgan de nuevo al escenario.

7. Es un virus muy peligroso, creo que mi cuñada ……………….. en la comunión de su ahijada, había muchísima gente allí.

8. Mi hijo engulle la pizza como si fuera un loco, yo le digo que, al menos, ……………….. bien los trozos que se mete en la boca, tengo miedo de que un día se atragante.

9. Cuando me muera, yo quiero que me ……………….. y que esparzáis mis cenizas por el campo de mis abuelos. No quiero acabar en un ataúd.

10. Hijo mío, se me está ……………….. la paciencia, por favor, deja de molestar a tu hermano o te voy a castigar.

MODELO 2 HOJA DE RESPUESTAS

Prueba 1. Comprensión de lectura

Tarea 1
1. A☐ B☐ C☐
2. A☐ B☐ C☐
3. A☐ B☐ C☐
4. A☐ B☐ C☐
5. A☐ B☐ C☐
6. A☐ B☐ C☐

Tarea 2
7. A☐ B☐ C☐ D☐
8. A☐ B☐ C☐ D☐
9. A☐ B☐ C☐ D☐
10. A☐ B☐ C☐ D☐
11. A☐ B☐ C☐ D☐
12. A☐ B☐ C☐ D☐
13. A☐ B☐ C☐ D☐
14. A☐ B☐ C☐ D☐
15. A☐ B☐ C☐ D☐
16. A☐ B☐ C☐ D☐

Tarea 3
17. A☐ B☐ C☐ D☐ E☐ F☐ G☐ H☐
18. A☐ B☐ C☐ D☐ E☐ F☐ G☐ H☐
19. A☐ B☐ C☐ D☐ E☐ F☐ G☐ H☐
20. A☐ B☐ C☐ D☐ E☐ F☐ G☐ H☐
21. A☐ B☐ C☐ D☐ E☐ F☐ G☐ H☐
22. A☐ B☐ C☐ D☐ E☐ F☐ G☐ H☐

Tarea 4
23. A☐ B☐ C☐
24. A☐ B☐ C☐
25. A☐ B☐ C☐
26. A☐ B☐ C☐
27. A☐ B☐ C☐
28. A☐ B☐ C☐
29. A☐ B☐ C☐
30. A☐ B☐ C☐
31. A☐ B☐ C☐
32. A☐ B☐ C☐
33. A☐ B☐ C☐
34. A☐ B☐ C☐
35. A☐ B☐ C☐
36. A☐ B☐ C☐

Prueba 2. Comprensión auditiva

Tarea 1
1. A☐ B☐ C☐
2. A☐ B☐ C☐
3. A☐ B☐ C☐
4. A☐ B☐ C☐
5. A☐ B☐ C☐
6. A☐ B☐ C☐

Tarea 2
7. A☐ B☐ C☐
8. A☐ B☐ C☐
9. A☐ B☐ C☐
10. A☐ B☐ C☐
11. A☐ B☐ C☐
12. A☐ B☐ C☐

Tarea 3
13. A☐ B☐ C☐
14. A☐ B☐ C☐
15. A☐ B☐ C☐
16. A☐ B☐ C☐
17. A☐ B☐ C☐
18. A☐ B☐ C☐

Tarea 4
19. A☐ B☐ C☐ D☐ E☐ F☐ G☐ H☐ I☐ J☐
20. A☐ B☐ C☐ D☐ E☐ F☐ G☐ H☐ I☐ J☐
21. A☐ B☐ C☐ D☐ E☐ F☐ G☐ H☐ I☐ J☐
22. A☐ B☐ C☐ D☐ E☐ F☐ G☐ H☐ I☐ J☐
23. A☐ B☐ C☐ D☐ E☐ F☐ G☐ H☐ I☐ J☐
24. A☐ B☐ C☐ D☐ E☐ F☐ G☐ H☐ I☐ J☐

Tarea 5
25. A☐ B☐ C☐
26. A☐ B☐ C☐
27. A☐ B☐ C☐
28. A☐ B☐ C☐
29. A☐ B☐ C☐
30. A☐ B☐ C☐

PRUEBA 1
COMPRENSIÓN DE LECTURA

La prueba de **Comprensión de lectura** contiene cuatro tareas. Usted debe responder a 36 preguntas. Marque sus opciones únicamente en la **Hoja de respuestas**.

⏱ Duración: 70 minutos.

TAREA 1

Instrucciones
Usted va a leer un texto sobre la vacuna del coronavirus. Después, debe contestar a las preguntas (1-6). Seleccione la respuesta correcta (a / b / c). Marque las opciones elegidas en la **Hoja de respuestas**.

El Reino Unido empezó la vacunación contra el coronavirus

El Servicio Nacional de Salud de Gran Bretaña comenzó el martes a distribuir vacunas de Pfizer y lanzó así una campaña de salud pública sin precedentes en la medicina que ha convertido a los británicos en las primeras personas del mundo en recibir una vacuna autorizada y completamente probada.

El regulador de medicamentos de Gran Bretaña tiene fama de ser una agencia de vanguardia, y sus decisiones a menudo tienen influencia en el extranjero. En el caso de esta vacuna, la agencia ha dicho que no ha ahorrado recursos y ha llevado a cabo el habitual proceso de investigación de calidad y eficacia de la vacuna, solo que esta vez lo ha hecho más rápido de lo normal.

Anthony Fauci, el principal experto en enfermedades infecciosas de Estados Unidos, criticó a los británicos y dijo que no habían revisado la vacuna "tan cuidadosamente" como lo hizo Estados Unidos. Pero se retractó de esos comentarios al día siguiente.

Los residentes de los asilos de ancianos, que habían sido designados como la máxima prioridad, serán vacunados en las próximas semanas, una vez que los funcionarios de salud comiencen a distribuir las dosis fuera de los hospitales.

Se registrará la fecha de la primera y segunda dosis de la vacuna de cada persona en una tarjeta. Esto ha hecho temer un programa de pasaportes de vacunas, en el que las tarjetas funcionen como prueba de vacunación y como llave para viajar e ir a eventos, los funcionarios de salud han indicado que la tarjeta no funcionará de esa manera.

A pesar de que las vacunas contra el coronavirus parecen efectivas, también es posible que las personas con síntomas leves propaguen el virus sin saber que están infectadas. Así que, por el momento, incluso las personas vacunadas necesitarán usar mascarilla. En los primeros meses solo se podrá vacunar a un pequeño porcentaje de los ciudadanos. La mayoría no vacunada seguirá siendo vulnerable a contagiarse.

Ninguna de las decenas de miles de personas que ya han recibido las vacunas ha reportado ningún efecto secundario grave. Pero algunas han sentido un malestar de corta duración. Es posible que los trabajadores necesiten estar de baja un día después de recibir la segunda vacuna. Aunque estas experiencias no son agradables, son una buena señal: son el resultado del encuentro del sistema inmunológico con la vacuna y de una potente respuesta que proporciona inmunidad duradera.

Han estado circulando por la web algunas afirmaciones de que las vacunas contra el coronavirus pueden dañar la fertilidad de una mujer. En los últimos meses, los investigadores han llevado a cabo una serie de estudios en mujeres embarazadas para ver si la COVID-19 provoca abortos y el mensaje constante es que no hay de qué preocuparse.

Adaptado de: www.nytimes.com

PREGUNTAS

1. El texto comenta que…
    a) la distribución de la vacuna entre la población la realiza Pfizer.
    b) la vacuna se ha testeado, pero todavía no ha sido regulada.
    c) no ha habido en la historia una iniciativa sanitaria como la de Gran Bretaña.

2. La agencia reguladora de medicamentos británica…
    a) ha acelerado el proceso de testeo de la vacuna.
    b) asegura haber limitado los recursos utilizados para la vacuna.
    c) no suele ser de las primeras en realizar avances.

3. En el texto se menciona que Anthony Fauci…
    a) apoyó al gobierno británico desde el primer momento.
    b) acusó a los británicos de no hacer una investigación previa metódica.
    c) mantuvo su opinión sobre el sistema británico.

4. En cuanto al proceso de vacunación, podemos decir que…
    a) ha generado preocupación el hecho de que las personas dispongan de una tarjeta que acredite si han sido vacunadas o no.
    b) los ancianos distribuirán las dosis entre la población de riesgo.
    c) los funcionarios están avergonzados porque su gobierno haya decidido usar tarjetas para la población.

5. En el texto se avisa de que…
    a) decenas de miles de personas no son suficientes para hacer una estadística fiable de recuperación.
    b) el día siguiente a la vacunación, las probabilidades de propagación del virus se incrementan.
    c) algunos empleados estarán de baja tras vacunarse.

6. En cuanto a los riesgos para embarazadas,…
    a) los estudios parecen indicar que dar a luz será más complejo que antes de la pandemia.
    b) los científicos garantizan que los partos no se verán afectados.
    c) las investigaciones parecen indicar que lo único que se vería afectado sería el feto.

TAREA 2

INSTRUCCIONES

Usted va a leer cuatro textos sobre problemas de salud. Relacione las preguntas (7-16) con los textos (A, B, C y D).

Marque las opciones elegidas en la **Hoja de respuestas**.

PREGUNTAS

		A. TEO	B. LUZ	C. BLAS	D. ELSA
7.	¿Quién cuenta que le pusieron puntos?				
8.	¿Quién recibió algo para limpiar?				
9.	¿Quién dice que su cabeza se vio afectada en un incidente?				
10.	¿Qué persona continuó trabajando mientras estaba en el hospital?				
11.	¿Quién dice que se tomará algo para el dolor?				
12.	¿Quién dice que un familiar perdió la vista?				
13.	¿A quién le pusieron una inyección?				
14.	¿Quién dice que un familiar murió?				
15.	¿Quién dice que no va a poder seducir a otras personas?				
16.	¿Quién recibió asistencia básica de un familiar?				

TEXTOS

A. TEO

Hace unos meses estuve ingresado en el hospital durante cinco días. La culpa es de mi superior, de eso no tengo ninguna duda, el almacén debería tener medidas de seguridad acordes a los estándares europeos, yo me quejé de esto hace unos meses, pero él me ignoró por completo, como si fuera una mosca. Me llevé un golpe fuertísimo en la frente y me hice una herida muy profunda. A pesar de los heroicos esfuerzos de los médicos, creo que me va a quedar una cicatriz horrorosa, adiós a mis ligues de verano. Últimamente estoy hablando mucho con la compañía de seguros, me parece indignante que me pongan tantas complicaciones para pagarme. Mi padre se quedó ciego a los treinta y cuatro años y tardaron más de diez años en cobrar la indemnización.

B. LUZ

Si alguien os dice que los toboganes no son peligrosos contadle mi historia, me caí de uno y me rompí una costilla, es algo súper doloroso que me ha dejado un poco traumatizada. Estuve más de una semana sin levantarme de la cama, solo empecé a pasear por los pasillos a partir del cuarto día, siempre con la ayuda de Marta, mi enfermera. Aproveché el tiempo que estuve ingresada para gestionar mi correspondencia, soy autónoma y no me puedo permitir estar de baja. Durante la operación solo me pusieron anestesia local y pude verlo todo, me cosieron la piel como si fuera una tela vieja, es impresionante lo que son capaces de hacer los médicos. Mi abuela se ha hecho una cirugía para quitarse las arrugas y los resultados son espectaculares, ha rejuvenecido veinte años.

C. BLAS

Toda mi vida he tenido problemas con el riñón, creo que es hereditario, mi abuelo falleció por algo similar y mi madre también se queja de tener dolores. Ayer estuve en el centro de salud, hablé con mi médico de cabecera y me recetó unos calmantes, empezaré con el tratamiento mañana mismo. A mis superiores no les importa mucho mi estado de salud, a veces estoy en el despacho y no me encuentro bien, siento angustia y tengo ganas de vomitar, una vez se lo dije a mi jefe de departamento, me escuchó, miró para otro lado y se fue sin dirigirme ni una sola palabra, al cabo de una hora, en mi despacho me encontré un cubo, una fregona y un trapo, sobre mi escritorio había una nota que decía "si vomitas ya sabes lo que tienes que hacer".

D. ELSA

El otro día estaba ayudando a mi marido en el taller, por accidente, me corté media uña con una de sus herramientas, me salió muchísima sangre. Yo me mareé y apenas podía moverme, por suerte mi marido reaccionó rápidamente, me vendó como pudo y fuimos al ambulatorio. Una vez allí pensaba que me moría, lo veía todo borroso, estuvimos en la sala de espera más de cuarenta minutos, finalmente, llegó el especialista y pasé a la consulta. Primero vi a la enfermera preparando la jeringuilla, luego sentí el pinchazo, entonces ya me autoconvencí de que no iba a pasar nada grave. En mi cabeza rondaba todo el tiempo la historia de mi tío, que se cortó con unas tijeras de podar trabajando en el huerto, tuvo una reacción alérgica y estuvo en coma una barbaridad de tiempo.

TAREA 3

INSTRUCCIONES

Lea el siguiente texto, del que se han extraído seis fragmentos. A continuación, lea los ocho fragmentos propuestos (A-H) y decida en qué lugar del texto (17-22) hay que colocar cada uno de ellos.

HAY DOS FRAGMENTOS QUE NO TIENE QUE ELEGIR.

Marque las opciones elegidas en la **Hoja de respuestas**.

MULTIÓPTICAS CONCIENCIA SOBRE EL USO DE PANTALLAS

Seguro que, en los últimos días, habéis oído hablar de la campaña que ha realizado Multiópticas para concienciar sobre el uso excesivo de pantallas, anunciando mobiliario infantil imaginario con pantallas incorporadas. Un contenido que, lamentablemente, no ha sorprendido a muchos para mal, sino al contrario, ...(17)..................., que es la necesidad de tener a los hijos entretenidos, optando muchas veces por la vía fácil de dejarles una tablet, un teléfono móvil o ponerles la televisión.

Pero lo cierto es que, viendo el último estudio publicado sobre el consumo de pantallas, se nos ponen los pelos de punta. Si a estos datos le sumamos las horas extra que pasamos en casa con la situación actual que estamos viviendo en nuestro país, ...(18)..................

Todos estos datos son mucho más que números, porque estamos hablando de nuestra salud ocular. Por eso, la compañía óptica quiere llegar a colegios, empresas, familias o instituciones, para que todos nos sumemos a su iniciativa en favor de la salud ocular.

Personalmente, ya conocía esta implicación de la empresa en la protección de nuestros ojos en el uso excesivo de pantallas, ya que como clienta de toda la vida, ...(19)................ La verdad es que, por la noche, noto la vista muchísimo menos cansada, antes terminaba el día con los ojos rojos, me escocían y me picaban.

Os dejo algunos consejos, el primero de ellos es utilizar gotas lubricantes para prevenir el ojo seco y descansar la vista al menos cada 45 minutos, alejando la mirada de la pantalla y cambiando de tarea.

Deberíamos fijarnos un día sin pantallas, en el que desconectemos de verdad y nos dediquemos a disfrutar de la familia, hacer deporte o realizar otras actividades al aire libre o en casa, sin tener el móvil en la mano. Esto, …………(20)……………....

Y por supuesto, ser un buen ejemplo, tanto si eres padre, como hermano mayor o compañero de clase, …………(21)……………..., entre todos, poder ampliar la concienciación.

Después de escribir este post, ya he tomado buena nota de varias cosas más que me faltan por hacer y que, …………(22)……………...... Y tú, ¿te unes a mi reto de reducir el uso de pantallas?

Adaptado de: www.ellalolleva.com

FRAGMENTOS

A. intenta compartir toda esta información con tu círculo cercano y crear nuevas rutinas que reduzcan el consumo de pantallas para

B. ya que varios de los testimonios que hemos visto en redes sociales encontraban en estos artículos la "solución" a lo que muchos padres consideran un problema hoy en día

C. un claro ejemplo de esto es la creciente demanda de oculistas

D. no solo ayuda a nuestra salud ocular, sino también a nuestra salud física y mental

E. sino porque no dedicamos el tiempo que deberíamos a nuestros ojos

F. las cifras se multiplicarán de cara al año próximo

G. con la ayuda de mis seres queridos, voy a incluir en mis hábitos de vida saludable

H. en las últimas gafas que compré hace más de un año ya se incluía un filtro azul que protege los ojos

TAREA 4

INSTRUCCIONES
Lea el texto y rellene los huecos (23-36) con la opción correcta (a / b / c).
Marque las opciones elegidas en la **Hoja de respuestas**.

Cómo mentalizarte para entrenar en casa

En estos días en los que hay que quedarse en casa por el Covid-19 no hay que dejarse vencer por la pereza y la apatía. Seguir activo y hacer ejercicio no solo tendrá efectos muy positivos para tu cuerpo, sino también para tu mente.

Si ya tenías el hábito de entrenar antes de que ......(23)....... la crisis del coronavirus, probablemente no te sea tan difícil estos días seguir con tus sesiones de entrenamiento adaptándolas para hacerlas en casa. No ......(24)......., si estás empezando a entrenar, te acabas de apuntar a un gimnasio o la pereza suele invadirte cuando piensas en deporte, puede que estos días te ......(25)....... costando más aún mentalizarte para entrenar en casa.

Que cuerpo y mente van de la mano no es ninguna novedad. Trabajar tu fuerza mental es el primer paso para coger el hábito de entrenar, ...(26)....... fuera como dentro de casa. Si piensas que puedes hacerlo, probablemente podrás hacerlo. La motivación es fundamental a la hora de ......(27)....... cualquier reto o deporte.

Para empezar, debes plantearte cuáles son tus objetivos, ...(28)....... quieres practicar deporte, de qué punto partes y a qué punto te gustaría llegar, en definitiva, aclarar ......(29)....... mismo tu situación, analizando tus habilidades y tus límites.

Comienza con metas que puedas ir cumpliendo de manera ......(30)........ No quieras hacer grandes avances de la noche a la mañana, porque no lo conseguirás. Siempre, por supuesto, teniendo ......(31)....... cuenta la técnica y las posturas que adoptas al hacer los ejercicios. Tienes que estar activo, pero con cuidado de no lesionarte.

Una de las ......(32)....... fundamentales a la hora de entrenar y hacer deporte es tener un buen plan de entrenamiento. Puedes diseñar tu propio plan de entrenamiento en función de tus objetivos o dejarte asesorar por un profesional.

Puedes optar por hacer ejercicios en los que se utilice solamente el propio ......(33)....... corporal, como pueden ser las flexiones, los abdominales o las sentadillas. ¡Estar en forma no tiene excusas! Puedes salir a la calle una vez al día a pasear o a hacer deporte de manera individual. Por ello, un plan perfecto de entrenamiento en estos momentos ......(34)....... el de combinar tu rutina de ejercicios en casa con el deporte que puedes practicar en la calle.

Por ejemplo, puedes hacer tu ......(35)....... de ejercicios por la mañana y salir a correr o a montar en bicicleta por la tarde o viceversa. Empieza el día con una ruta en bicicleta o corriendo y cuando ......(36)....... a casa completa tu entrenamiento.

Adaptado de: www.sinburpeesenmiwod.com

OPCIONES

23. a) estallara	b) estrenase	c) empezó
24. a) según	b) obstante	c) mejor
25. a) esté	b) este	c) estuviera
26. a) tanto	b) tan	c) más
27. a) encontrar	b) afrontar	c) enlazar
28. a) por qué	b) porque	c) porqué
29. a) tu	b) en tu	c) contigo
30. a) progresiva	b) represiva	c) inmobiliaria
31. a) de	b) con	c) en
32. a) llaves	b) claves	c) escobas
33. a) peso	b) esguince	c) hilo
34. a) tendría	b) sería	c) estaría
35. a) tabla	b) esencia	c) melena
36. a) llegarás	b) llegues	c) llegaras

PRUEBA 2
COMPRENSIÓN AUDITIVA

Esta prueba contiene cinco tareas. Usted debe responder a 30 preguntas.

Duración: 40 minutos.

Marque las opciones elegidas en la **Hoja de respuestas**.

TAREA 1

INSTRUCCIONES

Usted va a escuchar seis conversaciones breves. Escuche cada conversación dos veces. Después debe contestar a las preguntas (1-6). Seleccione la opción correcta (a / b / c).

Marque las opciones elegidas en la **Hoja de respuestas**.

Tiene 30 segundos para leer las preguntas.

 AUDIO EN MP3 DESCARGABLE O VÍDEO DE YOUTUBE "Comprensión Auditiva examen DELE B2 2021": 14:00

PREGUNTAS

Conversación 1

1. La mujer…
   a) es cobarde.
   b) es tacaña.
   c) es solidaria.

Conversación 2

2. El chico tiene la camiseta muy mojada porque…
   a) está recién lavada.
   b) ha escupido.
   c) está sudando.

Conversación 3

3. Según dicen, Jorge…
   a) se ha fracturado un hueso.
   b) necesitará rehabilitación para sus músculos.
   c) todavía no se ha despertado.

Conversación 4

4. En la casa…
   a) el robot de cocina lo compró el marido.
   b) hay una lámpara que no funciona.
   c) hay un electrodoméstico nuevo.

Conversación 5

5. El dependiente…
   a) acepta la reclamación de una prenda de vestir.
   b) tira el producto a la basura.
   c) quiere comprobar el precio en la etiqueta.

Conversación 6

6. La niña…
   a) tiene una enfermedad grave.
   b) odia los langostinos.
   c) no quiere comer lo que ha preparado su padre.

TAREA 2

INSTRUCCIONES

Usted va a escuchar una conversación entre dos amigos, Pepe y Rosa. Indique si los enunciados (7-12) se refieren a Pepe (A), a Rosa (B) o a ninguno de los dos (C). Escuche la conversación dos veces.

Marque las opciones elegidas en la **Hoja de respuestas**.

Tiene 20 segundos para leer los enunciados.

AUDIO EN MP3 DESCARGABLE O VÍDEO DE YOUTUBE "Comprensión Auditiva examen DELE B2 2021": 16:44

	A. PEPE	B. ROSA	C. NINGUNO
7. Detesta a su cuñado por su arrogancia.	☐	☐	☐
8. A su madre le gustó su pareja desde el principio.	☐	☐	☐
9. Un familiar suyo ejerce como electricista.	☐	☐	☐
10. Recibe una ayuda pública por estar en el paro.	☐	☐	☐
11. Su hermano odia llevar ropa elegante.	☐	☐	☐
12. Una persona de su familia ha fallecido.	☐	☐	☐

TAREA 3

INSTRUCCIONES

Escuche dos veces la entrevista realizada a un doctor. Debe contestar a las preguntas (13-18). Seleccione la respuesta correcta (a / b / c).

Marque las opciones elegidas en la **Hoja de respuestas**.

Tiene 30 segundos para leer las preguntas.

 AUDIO EN MP3 DESCARGABLE O VÍDEO DE YOUTUBE "Comprensión Auditiva examen DELE B2 2021": 19:03

PREGUNTAS

13. El doctor Galán asegura que…
    a) realiza la investigación internacional él solo.
    b) su investigación se centra en los pacientes que no pueden oler con normalidad.
    c) ha conseguido que la gente no se infecte del coronavirus.

14. Alberto Galán dice que…
    a) el agotamiento es el síntoma más grave.
    b) todavía no ha tratado enfermos con los síntomas mencionados.
    c) los pacientes con esta enfermedad duermen más de lo normal.

15. Los dolores…
    a) solo afectan a una parte de los enfermos.
    b) se han convertido en el síntoma común de todos los contagiados.
    c) se producen principalmente en las articulaciones.

16. La investigación…
   a) carece de apoyo institucional.
   b) está progresando positiva y rápidamente.
   c) ha concluido recientemente.

17. El doctor menciona que…
   a) ha hecho pruebas a hermanos que nacieron al mismo tiempo.
   b) los mellizos no tienen ningún síntoma grave.
   c) los gemelos tienen mayor probabilidad de morir por la enfermedad.

18. Alberto Galán dice que…
   a) van a detener la investigación.
   b) han modernizado su laboratorio.
   c) está teniendo síntomas de la enfermedad.

TAREA 4

INSTRUCCIONES

Usted va a escuchar a seis personas que hablan sobre la salud y el cuerpo. Escuche a cada persona dos veces. Seleccione el enunciado (A-I) que corresponde al tema del que habla cada persona (19-24). Hay nueve enunciados, seleccione solamente seis.

Marque las opciones elegidas en la **Hoja de respuestas**.

Tiene 20 segundos para leer los enunciados.

 AUDIO EN MP3 DESCARGABLE O VÍDEO DE YOUTUBE "Comprensión Auditiva examen DELE B2 2021": 21:23

ENUNCIADOS

A.	Se ha roto un hueso.
B.	Tienen mal aspecto con el maquillaje permanente.
C.	Hay órganos internos afectados.
D.	El problema se inició con el parto.
E.	Son clavadas.
F.	La mala dieta ha provocado esto.
G.	El esguince es leve.
H.	Habla sobre las expresiones faciales.
I.	Está pasando mucho frío.

	PERSONA	**ENUNCIADO**
19.	Persona 1	
20.	Persona 2	
21.	Persona 3	
22.	Persona 4	
23.	Persona 5	
24.	Persona 6	

TAREA 5

INSTRUCCIONES

Usted va a escuchar a una psicóloga que habla de su paciente. Escuche la audición dos veces. Después debe contestar a las preguntas (25-30). Seleccione la opción correcta (a / b / c).

Marque las opciones elegidas en la **Hoja de respuestas**.

Tiene 30 segundos para leer las preguntas.

AUDIO EN MP3 DESCARGABLE O VÍDEO DE YOUTUBE "Comprensión Auditiva examen DELE B2 2021": 23:36

PREGUNTAS

25. La persona que habla dice que…
    a) el nombre oficial de su paciente es Aquiles.
    b) Aquiles heredó el temperamento de sus padres.
    c) el carácter de Aquiles se podría controlar fácilmente.

26. La psicóloga comenta que…
    a) Aquiles obtuvo un contrato de trabajo antes que su madre.
    b) la madre de Aquiles estaba enferma.
    c) muchas madres deben volver al trabajo tras el parto.

27. El padre de Aquiles…
    a) ha cometido varios delitos durante su vida.
    b) asegura que piensa mucho en su hijo.
    c) abandonó a la madre antes del parto.

28. Según dice la psicóloga…
    a) el estado de ánimo de Aquiles es muy cambiante.
    b) Aquiles controla sus sentimientos.
    c) el paciente al que estudia jamás se enfada.

29. La persona que habla asegura que…
    a) Aquiles es una persona inteligente.
    b) Aquiles ha echado su vida a perder.
    c) Aquiles se comporta bien durante las clases.

30. La psicóloga piensa que…
    a) otros doctores deberían ocuparse de su paciente.
    b) el problema de su paciente no tiene solución.
    c) Aquiles estaría mejor en el campo.

PRUEBA 3
EXPRESIÓN E INTERACCIÓN ESCRITAS

Esta prueba contiene 2 tareas.

⏲ Duración: 80 minutos.

Haga sus tareas en la **Hoja de respuestas**.

TAREA 1

INSTRUCCIONES

Usted va a escuchar una locución sobre un programa y una nueva dieta milagro que no le dan muy buena impresión. A continuación, deberá escribir una carta a la persona que ofrece este producto para criticar su propuesta. Escuche la audición dos veces. Tome notas para luego utilizarlas en su carta, en ella deberá:

- saludar y presentarse;
- explicar lo que no le parece normal de esta propuesta;
- pedirle que deje de ofrecer esto y explicar por qué;

Número de palabras: **entre 150 y 180**.

AUDIO EN MP3 DESCARGABLE O VÍDEO DE YOUTUBE "Comprensión Auditiva examen DELE B2 2021": 27:06

TAREA 2

INSTRUCCIONES

Elija solo una de las dos opciones.

Número de palabras: **entre 150 y 180**.

OPCIÓN 1

Usted debe escribir una redacción sobre la importancia de los diferentes tipos de alimentos, utilice la siguiente ilustración de una pirámide alimenticia para inspirarse:

Vía: www.piramidealimenticia.org

En su redacción, deberá:

- analizar y comparar los elementos de la ilustración;
- destacar algún dato de especial importancia;
- comentar la utilidad de seguir una alimentación saludable;
- elaborar una conclusión sobre el tema, expresando su opinión.

OPCIÓN 2

Usted trabaja escribiendo artículos sobre cultura para una revista. En los últimos días ha leído un libro sobre autoestima para sentirse mejor. Escriba una crítica de la obra en su revista. Antes de empezar, lea la contraportada del libro. En su artículo, deberá:

- comentar los motivos que le hicieron escoger este título;
- explicar el contenido de la obra;
- hablar sobre su experiencia personal con el libro;
- hacer una conclusión, expresando su opinión.

CADA HOGAR DEL MUNDO DEBERÍA TENER UN EJEMPLAR DE ESTE LIBRO QUE, ADEMÁS DE ENTRETENER, AYUDA AL INDIVIDUO CON SUS PROBLEMAS DEL ALMA.
LA MUNDIALMENTE CONOCIDA AUTORA MARTA GALÁN, DE PADRE MALAGUEÑO Y MADRE CUBANA, LLEGA A TOCAR AL CORAZÓN DEL LECTOR Y LOGRA INFLUIR POSITIVAMENTE EN SU ACTITUD DEL DÍA A DÍA.

ESTRUCTURADO EN CAPÍTULOS CORTOS, ESTE MANUAL APORTA ÚTILES CONSEJOS PARA MEJORAR LA RELACIÓN CON LA FAMILIA, AMIGOS E INCLUSO, CON DESCONOCIDOS. LA AMPLIA EXPERIENCIA DE MARTA GALÁN EN EL CAMPO DE LA PSICOLOGÍA JUVENIL HACE QUE EXPRESE UN CONTENIDO COMPLEJO DE UNA FORMA MUY SENCILLA.

AQUELLOS QUE COMPREN ESTE MANUAL ENCONTRARÁN CIENTOS DE EJEMPLOS REALES DE PACIENTES QUE PASARON POR MOMENTOS DUROS EN SUS VIDAS Y, LO MÁS IMPORTANTE DE TODO, UN RELATO VERAZ DE CÓMO SOLUCIONARON DICHAS CRISIS. PORQUE, SÍ, TODO PROBLEMA SE PUEDE RESOLVER, SOLO HAY QUE ENCONTRAR EL CAMINO.

MARTA GUÍA Y TRATA AL LECTOR CON CARIÑO Y DELICADEZA EN TODO MOMENTO, UTILIZANDO UN LENGUAJE APROPIADO PARA TODAS LAS EDADES.

NO ES NECESARIO ESTAR PASANDO POR UN MAL MOMENTO PARA AVENTURARSE CON ESTE LIBRO. PUEDE SER UNA HERRAMIENTA PREVENTIVA INCREÍBLE PARA EVITAR LOS PROBLEMAS ANTES DE QUE SE PRESENTEN.

QUIÉRETE

PRUEBA 4
EXPRESIÓN E INTERACCIÓN ORALES

Esta prueba contiene tres tareas:

Tiene 20 minutos para preparar las Tareas 1 y 2.

Usted puede tomar notas y escribir un esquema de su exposición que podrá consultar durante el examen; en ningún caso podrá limitarse a leer el esquema o sus notas.

TAREA 1

INSTRUCCIONES

Le proponemos dos temas con algunas indicaciones para preparar una exposición oral. Elija uno de ellos. Tendrá que hablar durante 3 o 4 minutos sobre ventajas e inconvenientes de una serie de soluciones propuestas para una situación determinada, comente a quién benefician y a quién perjudican, si habría que modificar algo, etc. A continuación, conversará con el entrevistador sobre el tema durante 2-3 minutos.

OPCIÓN 1. LA CONDICIÓN FÍSICA DE LOS ALUMNOS

Usted dirige un centro escolar. Los niños de su escuela han obtenido los peores resultados de toda la región en las pruebas físicas. Ha sido una auténtica vergüenza y algunos padres ya se han quejado de esto.

Ha convocado una reunión con los profesores de educación física, estas son algunas de las propuestas que se han escuchado, opine sobre ellas.

> Son los padres los que deberían preocuparse por esto. ¡Qué apunten a sus hijos a asignaturas extraescolares de deporte!

> Los alumnos deberían tener muchas más horas de educación física. Al menos, dos al día.

> Quizás deberíamos dar todas las clases en el patio, en movimiento. Así los niños entrenarían algo.

> Debemos hablar con los niños y preguntarles si quieren entrenar más, ellos deben tomar esta decisión.

> Hay que prohibir la comida basura y confiscar los dulces en la escuela. Si comen mejor estarán más sanos.

> La solución pasa por obligar a los niños a hacer deporte durante los descansos. Podríamos organizar partidos de fútbol y balonmano.

OPCIÓN 2. LA LENTITUD EN LOS HOSPITALES

La situación con las colas y las listas de espera en los centros médicos del país es preocupante. Algunos pacientes han llegado a morir antes de poder hablar con su médico. Los medios de comunicación critican esta situación y uno de ellos ha organizado un debate. Opine sobre las posibles soluciones que ha escuchado durante el debate, indique las ventajas e inconvenientes que tienen, a quién benefician y a quién perjudican, si habría que modificar algo, etc.

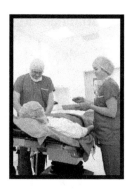

- Necesitamos más médicos, hay que ofrecer trabajo en los hospitales a los estudiantes de tercer y cuarto año de medicina.

- La sanidad debería ser privada, es la única forma de que funcione, hay que dejar de invertir en sanidad pública poco a poco.

- Habría que crear un programa informático que atendiera automáticamente por internet a los pacientes en la primera consulta, esto agilizaría el proceso.

- Los médicos viven demasiado bien, si cada uno de ellos trabajase una hora más al día el problema se solucionaría.

- La gente debe aprender a curarse en casa, podemos ofrecer videotutoriales gratuitos por YouTube con indicaciones de qué hacer en cada caso.

- El problema es que la gente no se vacuna, todas las vacunas deberían ser obligatorias, así acabaríamos con las enfermedades.

TAREA 2

INSTRUCCIONES

Usted debe imaginar una situación a partir de una fotografía y describirla durante 2 o 3 minutos. A continuación conversará con el entrevistador acerca de sus experiencias y opiniones sobre el tema de la situación. Tenga en cuenta que no hay una respuesta correcta: debe imaginar la situación a partir de las preguntas que se le proporcionan. Deberá elegir una de las dos fotografías.

OPCIÓN 1

- ¿Dónde cree que están? ¿Por qué?
- ¿Qué relación cree que hay entre estas personas?
- ¿Qué imagina que sienten estas personas? ¿Por qué?
- ¿Qué tiempo cree que hace en este lugar?
- ¿Ha estado usted en alguna situación similar? ¿Cuál?

OPCIÓN 2

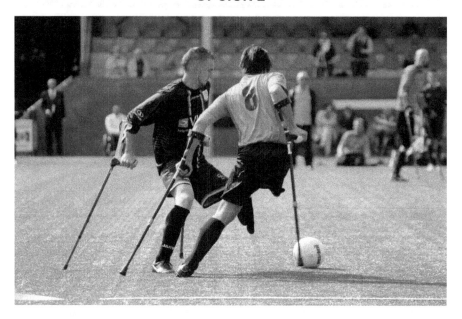

- ¿Qué están haciendo? ¿Dónde?
- ¿Qué tipo de competición deportiva es esta?
- ¿Qué discapacidad sufren estas personas?
- ¿Qué relación cree que hay entre las personas de la imagen?
- ¿Conoce a alguna persona con discapacidad? ¿Cuál?

TAREA 3

INSTRUCCIONES

Usted debe conversar con el entrevistador sobre los datos de un gráfico, expresando su opinión al respecto. Deberá elegir una de las dos opciones propuestas.

OPCIÓN 1

FRECUENCIA DE CONSUMO DE SUPLEMENTOS NUTRICIONALES EN GIMNASIOS DE CHILE

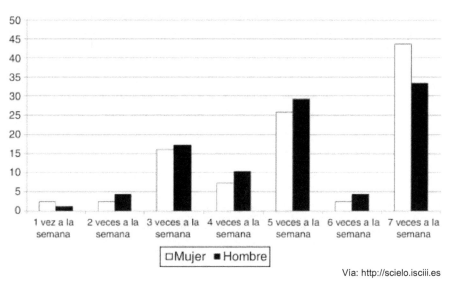

Vía: http://scielo.isciii.es

OPCIÓN 2

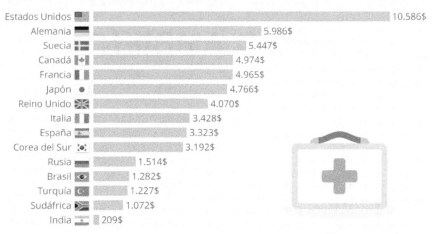

Vía: www.es.statista.com

VOCABULARIO Y MODELO 3

SOCIEDAD, INFORMACIÓN Y MEDIO AMBIENTE

VOCABULARIO

¿Conoces estas palabras?

Ecosistema	Señal
Biosfera	Urbanización
Sequía	Obras
Desertización	Alrededores
Catástrofe	Cordillera
Efecto invernadero	Llanura
Desarrollo	Monte
Alga	Orilla
Seta	Cascada
Semilla	Laguna
Mascota	Insular
Dócil	Costero
Manso	Natalidad
Feroz	Mortalidad
Bravo	Batalla
Borrasca	Enemigo
Anticiclón	Aliado
Peatón	Víctima
Acera	Campaña electoral
Farola	Votante

1. Relaciona las siguientes palabras con sus definiciones:

pantano – rumor – inundación – abstención – papelera – suscripción – inmobiliaria – maceta – titular – hogar

1. Recipiente, generalmente más ancho por la boca que por el fondo, que se utiliza, lleno de tierra, para cultivar plantas.

2. Depresión del terreno donde, de forma natural o artificial, queda agua estancada. En ocasiones se utiliza esta agua para el riego o para producir energía eléctrica.

3. Recipiente con forma de balde o cesto para tirar los objetos que no sirven.

4. Fenómeno natural, por el cual el agua cubre los terrenos, llegando en ciertas ocasiones a dejar sumergidas viviendas, coches, calles y cosechas. Con peligro, incluso vital, para todos los seres vivientes que habitan el lugar, y enormes pérdidas económicas.

5. Enunciado que anuncia y encabeza una información o una noticia y resume el contenido de la misma.

6. Acción que realiza un usuario cuando quiere recibir una serie de servicios, noticias, o productos periódicos. A un precio determinado, o de forma gratuita.

7. Domicilio habitual de una persona en el que desarrolla su vida privada o familiar.

8. Sociedad o empresa que se dedica a construir, vender, alquilar y administrar viviendas.

9. Información no comprobada que la gente dice o cuenta a otras personas.

10. Renuncia a hacer algo, especialmente a emitir el voto en una votación.

2. Usa los verbos en las siguientes oraciones (conjugados adecuadamente).

incendiarse – trasplantar – declarar – agotarse – barrer – soplar – formular – extinguirse – convertirse – regar

1. El mayor conflicto armado de la historia empezó cuando, en 1939, Alemania le .... la guerra a Polonia.

2. Si no hubieras dejado la barbacoa encendida el otro día, el bosque no ...., ahora da pena verlo, está lleno de ceniza.

3. Toma una escoba, ... el salón y después coge ese trapo y limpia las ventanas.

4. Ayer, uno de los periodistas .... una pregunta tan complicada que ninguno de los presentes supo qué decir. Creo que ni el mismo periodista entendió su pregunta.

5. Hacía muchísimo frío, el viento .... con fuerza, pero, sin embargo, ahí estaba en el cielo como siempre, el sol radiante que parecía de verano.

6. Los dinosaurios .... hace sesenta y cinco millones de años. Me habría gustado verlos en su hábitat natural.

7. Estos tulipanes ya no caben en la maceta, creo que los voy a .... al jardín, ahí podrán crecer mejor.

8. No .... las plantas con agua salada, es malísimo, las podrías matar.

9. Hace siglos, los reyes obligaban a todos sus súbditos a .... a su propia religión.

10. Si continuamos fabricando tantos productos de plástico, los recursos naturales .... en menos de cien años. Entonces empezarán los problemas reales.

MODELO 3 HOJA DE RESPUESTAS

Prueba 1. Comprensión de lectura

Tarea 1
1. A☐ B☐ C☐
2. A☐ B☐ C☐
3. A☐ B☐ C☐
4. A☐ B☐ C☐
5. A☐ B☐ C☐
6. A☐ B☐ C☐

Tarea 2
7. A☐ B☐ C☐ D☐
8. A☐ B☐ C☐ D☐
9. A☐ B☐ C☐ D☐
10. A☐ B☐ C☐ D☐
11. A☐ B☐ C☐ D☐
12. A☐ B☐ C☐ D☐
13. A☐ B☐ C☐ D☐
14. A☐ B☐ C☐ D☐
15. A☐ B☐ C☐ D☐
16. A☐ B☐ C☐ D☐

Tarea 3
17. A☐ B☐ C☐ D☐ E☐ F☐ G☐ H☐
18. A☐ B☐ C☐ D☐ E☐ F☐ G☐ H☐
19. A☐ B☐ C☐ D☐ E☐ F☐ G☐ H☐
20. A☐ B☐ C☐ D☐ E☐ F☐ G☐ H☐
21. A☐ B☐ C☐ D☐ E☐ F☐ G☐ H☐
22. A☐ B☐ C☐ D☐ E☐ F☐ G☐ H☐

Tarea 4
23. A☐ B☐ C☐
24. A☐ B☐ C☐
25. A☐ B☐ C☐
26. A☐ B☐ C☐
27. A☐ B☐ C☐
28. A☐ B☐ C☐
29. A☐ B☐ C☐
30. A☐ B☐ C☐
31. A☐ B☐ C☐
32. A☐ B☐ C☐
33. A☐ B☐ C☐
34. A☐ B☐ C☐
35. A☐ B☐ C☐
36. A☐ B☐ C☐

Prueba 2. Comprensión auditiva

Tarea 1
1. A☐ B☐ C☐
2. A☐ B☐ C☐
3. A☐ B☐ C☐
4. A☐ B☐ C☐
5. A☐ B☐ C☐
6. A☐ B☐ C☐

Tarea 2
7. A☐ B☐ C☐
8. A☐ B☐ C☐
9. A☐ B☐ C☐
10. A☐ B☐ C☐
11. A☐ B☐ C☐
12. A☐ B☐ C☐

Tarea 3
13. A☐ B☐ C☐
14. A☐ B☐ C☐
15. A☐ B☐ C☐
16. A☐ B☐ C☐
17. A☐ B☐ C☐
18. A☐ B☐ C☐

Tarea 4
19. A☐ B☐ C☐ D☐ E☐ F☐ G☐ H☐ I☐ J☐
20. A☐ B☐ C☐ D☐ E☐ F☐ G☐ H☐ I☐ J☐
21. A☐ B☐ C☐ D☐ E☐ F☐ G☐ H☐ I☐ J☐
22. A☐ B☐ C☐ D☐ E☐ F☐ G☐ H☐ I☐ J☐
23. A☐ B☐ C☐ D☐ E☐ F☐ G☐ H☐ I☐ J☐
24. A☐ B☐ C☐ D☐ E☐ F☐ G☐ H☐ I☐ J☐

Tarea 5
25. A☐ B☐ C☐
26. A☐ B☐ C☐
27. A☐ B☐ C☐
28. A☐ B☐ C☐
29. A☐ B☐ C☐
30. A☐ B☐ C☐

PRUEBA 1
COMPRENSIÓN DE LECTURA

La prueba de **Comprensión de lectura** contiene cuatro tareas. Usted debe responder a 36 preguntas. Marque sus opciones únicamente en la **Hoja de respuestas**.

⏱ Duración: 70 minutos.

TAREA 1

Instrucciones
Usted va a leer un texto sobre los pingüinos. Después, debe contestar a las preguntas (1-6). Seleccione la respuesta correcta (a / b / c). Marque las opciones elegidas en la **Hoja de respuestas**.

Curiosidades sobre los pingüinos

Los pingüinos viven en su totalidad en el hemisferio sur, aunque no todos ellos viven en la Antártida ni en zonas gélidas repletas de nieve. En cautiverio, los pingüinos se pueden encontrar en todo el mundo. Son aves marinas, pues pasan hasta el 80% de su vida en el océano. Existen 18 especies de pingüinos y, a pesar de su variedad, son algunas de las aves más familiares y más fácilmente reconocibles del mundo. Son extremadamente vulnerables al cambio climático, la contaminación, los depredadores y otros peligros. Apenas cinco de las dieciocho especies de pingüinos no están en peligro de extinción.

Hace millones de años, en el transcurso de la evolución, los pingüinos perdieron su capacidad de volar para conseguir una mayor eficiencia nadando. Poseer unas vigorosas aletas es incompatible con el vuelo. Al igual que otras aves, los pingüinos no tienen dientes, pero sí poseen una lengua espinosa que recubre el interior de su boca. Esta lengua les ayuda a sujetar la presa -que se tragan entera- y orientar la comida hacia la garganta.

La especie más pequeña es el pingüino azul, que mide apenas 40 centímetros y pesa aproximadamente un kilo. Su promedio de vida es de unos 6 años. Debido a su tamaño, se alimenta de peces pequeños o camarones.

Los pingüinos son carnívoros. Su dieta incluye pequeños crustáceos, calamares y peces. Algunas especies son capaces de provocar un problema en el suministro de alimentos de una zona porque pueden consumir grandes cantidades de comida al año.

Mientras nadan, los pingüinos saltan en arcos sobre la superficie del agua, lo que les permite nadar a una velocidad de hasta 35 km/hora. También les ayuda a evadir a los depredadores y les permite respirar más regularmente. Algunos científicos teorizan que también pueden dar estos saltos de pura alegría. Los ojos de los pingüinos funcionan mejor bajo el agua que en el aire, pues les otorga una vista superior para detectar presas mientras cazan, incluso aunque las aguas estén oscuras o turbias.

La mayoría de los pingüinos tienen una única pareja, se aparearán exclusivamente entre sí durante la temporada de apareamiento. En muchos casos, el macho y la hembra continuarán apareándose durante toda su vida con el mismo compañero. Es a la edad de 3 u 8 años cuando un pingüino es lo suficientemente adulto para aparearse. Tras poner uno o dos huevos, ambos padres se turnarán para sostener los huevos entre sus patas y calentarlos como si de un nido se tratara. A excepción del pingüino emperador cuya hembra deposita el huevo en los pies del macho para mantenerlo caliente mientras ella sale y caza durante varias semanas. Una vez salen los polluelos, padre y madre se turnarán religiosamente para alimentar a sus pequeños.

Adaptado de: www.muyinteresante.es

PREGUNTAS

1. Según dice el texto...
   a) toda la población de pingüinos vive en zonas heladas.
   b) hasta 18 especies de pingüinos se han extinguido.
   c) los pingüinos se encuentran amenazados.

2. Los pingüinos...
   a) no mastican los alimentos.
   b) nunca han podido volar.
   c) se alimentan principalmente de aves.

3. El texto comenta que...
   a) la población de pingüinos puede desabastecer de alimentos una región.
   b) los pingüinos pueden ser excelentes mascotas.
   c) los pingüinos escupen los crustáceos que ingieren.

4. Según el texto,...
   a) los pingüinos superan los 35km/h al nadar.
   b) toman aire con frecuencia al nadar.
   c) los científicos están seguros de que los pingüinos saltan por alegría.

5. Los pingüinos...
   a) son mamíferos que ponen huevos.
   b) por lo general, son fieles a su pareja.
   c) no pueden tener hijos hasta que pasen los 8 años de edad.

6. En el texto se menciona que...
   a) los pingüinos se ocupan de sus crías.
   b) los pingüinos construyen nidos con palos.
   c) el pingüino emperador macho se encarga de encontrar alimento para la familia.

TAREA 2

INSTRUCCIONES

Usted va a leer cuatro textos sobre las experiencias de unas personas en sus diferentes países. Relacione las preguntas (7-16) con los textos (A, B, C y D).

Marque las opciones elegidas en la **Hoja de respuestas**.

PREGUNTAS

		A. MAR	B. NOA	C. LEO	D. MAX
7.	¿Quién dice que la desigualdad es el principal problema del país?				
8.	¿A quién le gustaría tener elecciones?				
9.	¿Quién dice que hay un problema con la suciedad?				
10.	¿Quién se integró sin problemas en el país?				
11.	¿Quién pertenece a un partido político?				
12.	¿Quién dice que su nación estaba en guerra hace poco tiempo?				
13.	¿Quién dice que un dictador llegó al poder por la fuerza?				
14.	¿Quién asegura que hay un problema con el aprendizaje?				
15.	¿Quién dice que una persona espera sentencia?				
16.	¿Quién comenta que la deuda nacional es un gran problema?				

TEXTOS

A. MAR

A todos los que me preguntan por mi país les digo lo mismo, hay que verlo para creerlo. Esto no es normal, tenemos un régimen totalitario desde hace quince años y la ONU ni se ha interesado por nosotros. Aún recuerdo el día del golpe de Estado como si fuera ayer. No solo nos quitaron la libertad, sino que también la ilusión. A veces me imagino a mí misma metiendo una papeleta en una urna y se me saltan las lágrimas de melancolía. Este régimen va a acabar con nosotros, el sistema educativo está completamente destrozado, parece que lo hayan hecho a propósito, estoy segura de que se trata de una estrategia, quieren que los jóvenes no sean capaces de nada más que no sea seguir fielmente a su líder.

B. NOA

En realidad, no soy de aquí, pero me siento como una más. Emigré hace más de una década y tengo que decir que me han acogido muy bien. Me gustaría saber si esto le pasa a todo el mundo o el mío es un caso aislado. Ese fue el principal motivo que me incitó a interesarme por la política nacional, me encargo de hacer encuestas de intención de voto y opinión pública. Sin duda, lo que más preocupa a la gente en este momento es la distribución de la riqueza. Hay un nivel de vida que cada vez es más distante entre la clase alta y la clase baja de la sociedad. Si no se soluciona este problema pronto podría producirse una revolución, no es la primera vez que se ve algo así.

C. LEO

Me enorgullece decir que, desde hace unos meses, soy el líder de DPK, este año me presento como candidato para gobernar una provincia muy próspera. Si mi madre pudiera verme estaría muy orgullosa de mí, ella fue una de las víctimas del horrible conflicto que sufrimos. Por fortuna, la situación en nuestro país está mucho más tranquila desde el tratado de paz que firmamos hace unos meses con nuestros antiguos enemigos. Uno de los retos más grandes a los que nos enfrentaremos como nación en los próximos años es el de devolver íntegramente los préstamos adquiridos durante la última década, necesitamos un plan de choque para olvidarnos de este tema cuanto antes, ya que los intereses no dejan de subir. A partir de ahí, ya podremos empezar a construir una convivencia larga y duradera.

D. MAX

Mi nación está sumida en una vergonzosa crisis, todos nos alegrábamos porque finalmente, después de muchos años, teníamos un gobierno sólido que parecía decidido a hacer las cosas bien. Esta mañana acaban de concluir los interrogatorios del juicio contra nuestro presidente y, a la espera de lo que diga el juez, todo parece indicar que es culpable de todo lo que se le acusa. Y yo no solo puse su papeleta en la urna, sino que además le apoyé públicamente, animando a todos mis conocidos a votarle. Creo que nos convenció a todos con su discurso nacionalista, pero es que no le faltaba verdad, la situación con los servicios de recogida de basuras es lamentable, solo hay que ver las calles de las ciudades para darse cuenta de que no hacen bien su trabajo.

TAREA 3

INSTRUCCIONES

Lea el siguiente texto, del que se han extraído seis fragmentos. A continuación, lea los ocho fragmentos propuestos (A-H) y decida en qué lugar del texto (17-22) hay que colocar cada uno de ellos.

HAY DOS FRAGMENTOS QUE NO TIENE QUE ELEGIR.

Marque las opciones elegidas en la **Hoja de respuestas**.

Nos decidimos a poner placas solares en plena pandemia

"Últimamente hemos estado más en casa y le hemos dado vueltas a cosas que normalmente no te paras a pensar, como la factura eléctrica. Así que nos decidimos a poner placas solares", explica Ángel Abraham, informático de 47 años. En plena crisis sanitaria, Abraham y su hermano pusieron placas fotovoltaicas en sus chalets, …………(17)………….... Su caso cada vez es más habitual: en 2020 se instalaron casi 600 megavatios (MW) de potencia fotovoltaica para autoconsumo en España, …………(18)…………........ Aunque las instalaciones industriales y comerciales siguen siendo mayoritarias, el autoconsumo doméstico ha doblado su importancia en un año difícil. El sector habla de boom, pero pide más facilidades para los particulares.

José Donoso, director de la Unión Española Fotovoltaica (Unef), explica: "El coronavirus ha tenido un efecto paradójico: si normalmente la tasa de ahorro doméstica era un 8%, este año ha superado el 30%, es decir, …………(19)…………........ Un número importante de personas han decidido utilizar estos ahorros para instalar placas fotovoltaicas. La gente ha pensado que sus ahorros están mejor en el techo de su casa que en el banco, que además no da rentabilidad. Los paneles pueden costar lo mismo que unas vacaciones familiares".

El impulso viene del decreto del Gobierno que derogó el impuesto al sol en 2018, …………(20)…………........, y garantizó impulsar el autoconsumo de energía renovables. Además, la tecnología cada vez es más barata. Por unos 4.300 euros se pueden poner placas en una vivienda y reducir entre un 40% y un 60% la factura eléctrica.

Las empresas instaladoras tampoco dan abasto. "Hasta el año pasado solo hacíamos instalaciones industriales, ...(21)................", dice Remigio Abad, director de Powen. "Ha habido un aumento muy importante que se ha notado sobre todo a partir de junio, tras el confinamiento."

La empresa sin ánimo de lucro Ecooo ha rescatado 134 plantas fotovoltaicas quebradas durante los últimos años. "Esta es otra herramienta que utilizamos para cambiar el modelo energético: cogemos plantas fotovoltaicas, las arreglamos y se las ofrecemos a los ciudadanos como una posibilidad de inversión, verde y justa", dice Laura Feijóo, de Ecooo. "Algunas eran plantas en desuso, otras de inversores que ya no le sacaban la rentabilidad esperada, o bien de empresas que necesitaban dinero. Desde Ecooo compramos esas plantas y ofrecemos que los ciudadanos puedan participar y obtener rentabilidades del 4,5% anual, ...(22)................".

Adaptado de: www.elpais.com

FRAGMENTOS

A. un incremento del 30% con respecto al año anterior

B. pero en 2020 vimos que había un aumento importante en el residencial y nos lanzamos a ese sector

C. muchos hogares han incrementado su renta disponible

D. ambas energías renovables han aumentado su producción

E. situados en una misma parcela, para producir su propia electricidad y reducir su factura eléctrica

F. este precio no es nada comparado con el coste de construcción de una central nuclear

G. que impedía el desarrollo de este tipo de energía

H. que tal y como están los intereses de los bancos son muy interesantes

TAREA 4

INSTRUCCIONES
Lea el texto y rellene los huecos (23-36) con la opción correcta (a / b / c).
Marque las opciones elegidas en la **Hoja de respuestas**.

La contaminación acústica es un problema importante, tanto para la salud humana como para el medio ambiente

Un informe de la Agencia Europea de Medio Ambiente (AEMA) muestra que el ruido ambiental, y en ……(23)……., el debido al tráfico rodado, sigue siendo un problema ambiental importante que afecta ……(24)……. a la salud como al bienestar de millones de personas en Europa. El 20 % de la población europea, ……(25)……., más de 100 millones de personas, está expuesto a niveles de ruido prolongados que resultan perjudiciales para la salud.

La exposición prolongada al ruido puede afectar de distintas formas a la salud, produciendo molestias, trastornos del ……(26)……., efectos dañinos en el sistema cardiovascular y deficiencias cognitivas en niños.

Muchas personas no se dan cuenta de que la contaminación acústica es un problema grave que afecta a la salud de todos los seres humanos, ……(27)……. la suya. Si bien es cierto que la contaminación atmosférica causa muchas más muertes prematuras que la acústica, parece que el ruido afecta en mayor medida a los indicadores sobre la calidad de vida y la salud mental. De hecho, según datos de la Organización Mundial de la Salud (OMS), el ruido es la segunda causa ambiental de problemas de salud, ……(28)……. por detrás de la contaminación atmosférica.

En algunos países se sigue echando en falta un elevado ……(29)……. de datos en lo que a mapas de ruido y planes de acción se refiere. Los problemas de ruido no se pueden evaluar y abordar adecuadamente ……(30)……. los países, las regiones y las ciudades no elaboran los planes de acción requeridos.

Algunas ciudades están ……(31)……. una serie de medidas para

solucionar los problemas relacionados con el ruido. Podemos ……(32)……. aquí la aplicación en las carreteras de un asfalto que reduce el ruido, el uso de neumáticos silenciosos en los transportes públicos, la ampliación de la infraestructura para los coches eléctricos en las ciudades, la promoción de una movilidad activa, ……(33)……. sea a pie o en bicicleta, la peatonalización de las calles, etc. Un número significativo de ciudades ha puesto ……(34)……. marcha las llamadas «zonas tranquilas», donde las personas pueden ir para escapar del ruido de las ciudades. Estas zonas suelen ser espacios verdes, como parques o reservas naturales.

Si no se toman medidas para solucionar los problemas derivados del ruido, es poco probable que el número de personas expuestas a él ……(35)……. significativamente en el futuro debido al crecimiento urbano y al aumento del tráfico. Probablemente la cantidad de personas que están expuestas a niveles nocivos de ruido se pueda reducir notablemente no solo ……(36)……. medidas puntuales, sino combinando varias de ellas, como mejoras tecnológicas, políticas ambiciosas en materia de ruido, una mejor planificación urbana y cambios en la actitud de las personas.

Adaptado de: www.eea.europa.eu

OPCIONES

23. a) particular	b) justamente	c) cuenta
24. a) tan	b) tanto	c) tanta
25. a) dicho así	b) se dice	c) es decir
26. a) sueño	b) suelo	c) cicatriz
27. a) excluida	b) incluida	c) cuidada
28. a) justo	b) asusto	c) agobiado
29. a) porcentaje	b) respeto	c) ángulo
30. a) con	b) si	c) de
31. a) calentando	b) adoptando	c) cobrando
32. a) incitar	b) diagnosticar	c) citar
33. a) ya	b) no	c) por
34. a) a	b) de	c) en
35. a) disminuya	b) concluya	c) contagie
36. a) medio	b) mediante	c) media

PRUEBA 2
COMPRENSIÓN AUDITIVA

Esta prueba contiene cinco tareas. Usted debe responder a 30 preguntas.

⏱ Duración: 40 minutos.

Marque las opciones elegidas en la **Hoja de respuestas**.

TAREA 1

INSTRUCCIONES

Usted va a escuchar seis conversaciones breves. Escuche cada conversación dos veces. Después debe contestar a las preguntas (1-6). Seleccione la opción correcta (a / b / c).

Marque las opciones elegidas en la **Hoja de respuestas**.

Tiene 30 segundos para leer las preguntas.

 AUDIO EN MP3 DESCARGABLE O VÍDEO DE YOUTUBE "Comprensión Auditiva examen DELE B2 2021": 28:38

PREGUNTAS

Conversación 1

1. La mujer...
   a) viajó al extranjero.
   b) tuvo un accidente de tráfico.
   c) recibió una multa.

Conversación 2

2. En la conversación se dice que...
   a) la mujer apenas conoce al encargado.
   b) el hombre odia la actitud de un superior.
   c) la empresa variará sus iniciativas ecológicas.

Conversación 3

3. Según la conversación, podemos decir que...
   a) el hombre es irresponsable.
   b) la mujer ha realizado algún experimento con vegetales.
   c) el hombre quiere que le tuteen.

Conversación 4

4. La senadora...
   a) lucha por la convivencia.
   b) apuesta por la marginación social.
   c) no posee ideas propias.

Conversación 5

5. Del audio deducimos que...
   a) el detenido tiene una coartada.
   b) Marcos es culpable.
   c) Marcos ha sido asesinado.

Conversación 6

6. La mujer...
   a) se encarga de los efectos especiales.
   b) no quiere subirse al escenario.
   c) detesta preparar el guion.

TAREA 2

INSTRUCCIONES

Usted va a escuchar una conversación entre dos amigos, Fran y Mila. Indique si los enunciados (7-12) se refieren a Fran (A), a Mila (B) o a ninguno de los dos (C). Escuche la conversación dos veces.

Marque las opciones elegidas en la **Hoja de respuestas**.

Tiene 20 segundos para leer los enunciados.

 AUDIO EN MP3 DESCARGABLE O VÍDEO DE YOUTUBE "Comprensión Auditiva examen DELE B2 2021": 31:24

		A. FRAN	B. MILA	C. NINGUNO
7.	Ha pasado un tiempo en su vivienda estival.	☐	☐	☐
8.	Ha adquirido materiales de construcción.	☐	☐	☐
9.	En su edificio no hay sótano.	☐	☐	☐
10.	Vive en una vivienda amplia.	☐	☐	☐
11.	Esta persona no hace nada por la ecología.	☐	☐	☐
12.	Tiene que limpiar.	☐	☐	☐

TAREA 3

INSTRUCCIONES

Escuche dos veces la entrevista realizada a un joven. Debe contestar a las preguntas (13-18). Seleccione la respuesta correcta (a / b / c).

Marque las opciones elegidas en la **Hoja de respuestas**.

Tiene 30 segundos para leer las preguntas.

 AUDIO EN MP3 DESCARGABLE O VÍDEO DE YOUTUBE "Comprensión Auditiva examen DELE B2 2021": 32:49

PREGUNTAS

13. El señor Aranda...
    a) superó la carrera universitaria con dificultades.
    b) tardó diez años en obtener el título de doctor.
    c) no concluyó sus estudios.

14. En el lugar donde se encuentra Mateo Aranda...
    a) apenas cambia el clima durante el día.
    b) hace buen tiempo en este momento.
    c) hay una estupenda conexión a internet.

15. Mateo asegura que...
    a) la extracción de recursos naturales en Alaska afecta al medio ambiente.
    b) los pozos petrolíferos no están bien pintados.
    c) este es el primer estudio que realiza sobre la naturaleza.

16. El señor Aranda dice que…
   a) se han extinguido algunas especies de animales.
   b) las mascotas sufren ataques epilépticos.
   c) están en proceso de cambiar varias plantas de lugar.

17. La enfermedad que afecta a la zona…
   a) se transmite muy rápidamente entre las personas.
   b) tiene su causa en la energía nuclear.
   c) se puede considerar de alto riesgo para la vida.

18. En cuanto a la solución al problema,…
   a) se debe hacer progresivamente.
   b) Mateo opina que se debe echar a las empresas que lo causan.
   c) diferentes naciones deben implicarse.

TAREA 4

INSTRUCCIONES

Usted va a escuchar a seis personas que hablan sobre el tiempo libre. Escuche a cada persona dos veces. Seleccione el enunciado (A-I) que corresponde al tema del que habla cada persona (19-24). Hay nueve enunciados, seleccione solamente seis.

Marque las opciones elegidas en la **Hoja de respuestas**.

Tiene 20 segundos para leer los enunciados.

AUDIO EN MP3 DESCARGABLE O VÍDEO DE YOUTUBE "Comprensión Auditiva examen DELE B2 2021": 35:25

ENUNCIADOS

A.	Recomienda darse de baja de un servicio.
B.	El parte meteorológico no es muy positivo.
C.	Habla sobre realizar fotografías.
D.	La persona va desnuda a este lugar.
E.	El bañador le queda mal.
F.	Quiere que otra persona no use pinturas.
G.	Ha adquirido un nuevo programa informático.
H.	Habla sobre juegos de cartas.
I.	El trabajo le agota.

	PERSONA	ENUNCIADO
19.	Persona 1	
20.	Persona 2	
21.	Persona 3	
22.	Persona 4	
23.	Persona 5	
24.	Persona 6	

TAREA 5

INSTRUCCIONES

Usted va a escuchar a una persona que habla de un periódico digital. Escuche la audición dos veces. Después debe contestar a las preguntas (25-30). Seleccione la opción correcta (a / b / c).

Marque las opciones elegidas en la **Hoja de respuestas**.

Tiene 30 segundos para leer las preguntas.

AUDIO EN MP3 DESCARGABLE O VÍDEO DE YOUTUBE "Comprensión Auditiva examen DELE B2 2021": 37:33

PREGUNTAS

25. Agustín Rodríguez comenta que...
a) su país estaba afectado por problemas de comunicación.
b) en su sitio web el aumento de visitas es significativo.
c) su proyecto es desconocido.

26. En Tarjetanaranja.com,...
a) los reporteros de la empresa publican las noticias.
b) los artículos no han de ser exclusivamente deportivos.
c) las opiniones de los lectores poseen una gran importancia.

27. El hombre que habla menciona que...
a) fue corresponsal de noticias.
b) Marruecos tiene similitudes con su país natal.
c) el medio de comunicación para el que trabajaba no era conocido.

28. En cuanto a su anterior empleo, la persona que habla comenta que...
a) enviaba sus escritos por correspondencia ordinal.
b) no usaba ordenador, pero sí máquina de escribir.
c) enviaba maletas llenas de documentos que le llegaban a su jefe.

29. En cuanto a Tarjetanaranja.com, Agustín asegura que...
a) su plan se centra en los barrios más desfavorecidos.
b) sufrió un robo recientemente.
c) su proyecto está obteniendo unos elevados ingresos.

30. En cuanto al consejo de Agustín Rodríguez,...
a) las publicaciones deberían transmitir emociones.
b) el texto que está bajo las imágenes apenas tiene importancia.
c) el titular debe ser impactante.

PRUEBA 3
EXPRESIÓN E INTERACCIÓN ESCRITAS

Esta prueba contiene 2 tareas.

⏱ Duración: 80 minutos.

Haga sus tareas en la **Hoja de respuestas**.

TAREA 1

INSTRUCCIONES

Usted va a escuchar una locución sobre un nuevo impuesto. A continuación, deberá escribir una carta al ayuntamiento expresando su rechazo a esta nueva medida. Tome notas para luego utilizarlas en su carta, en ella deberá:

- saludar y presentarse;
- decir por qué le afecta a usted y a otros este impuesto;
- comentar las consecuencias que esto provocará;

Número de palabras: **entre 150 y 180**.

AUDIO EN MP3 DESCARGABLE O VÍDEO DE YOUTUBE "Comprensión Auditiva examen DELE B2 2021": 39:59

TAREA 2

INSTRUCCIONES

Elija solo una de las dos opciones.
Número de palabras: **entre 150 y 180**.

OPCIÓN 1

Usted debe escribir una redacción sobre la basura en Lima, capital de Perú. Utilice la siguiente infografía para inspirarse:

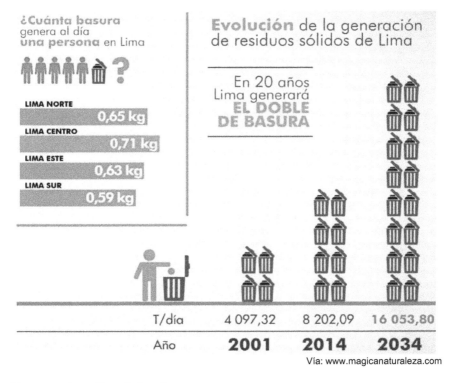

Vía: www.magicanaturaleza.com

En su redacción, deberá:

- analizar los datos, haciendo alguna comparación;
- destacar algún dato curioso, relevante o que le sorprenda;
- expresar su opinión;
- comentar la situación de la basura en su ciudad.

OPCIÓN 2

Usted ha visto un documental que ha cambiado por completo su forma de ver el mundo. Ha decidido escribir un artículo en un periódico online para dar a conocer este documental. Lea la sinopsis del documental en la página web del director y utilícela como guía. En su artículo, deberá:

• hablar sobre lo que se menciona en el documental;
• explicar su opinión antes y después de verlo;
• decir por qué se lo recomienda a todo el mundo.

LOS PELIGROS DE LA RED

INTERNET ES UN MUNDO SALVAJE, DE ESO NO NOS CABE NINGUNA DUDA. TODOS SABEMOS PERFECTAMENTE QUE DEBEMOS LLEVAR CUIDADO CADA VEZ QUE NAVEGAMOS POR LA RED, QUE DEBEMOS CONTROLAR A NUESTROS HIJOS Y DECIRLES QUE LLEVEN CUIDADO, ¿NO ES ASÍ?

PARA NADA, EL DOCUMENTAL "LOS PELIGROS DE LA RED" ES UN EXPERIMENTO SOCIOLÓGICO QUE NOS DEMUESTRA LO VULNERABLES QUE SOMOS CUANDO ESTAMOS SENTADOS FRENTE A UNA PANTALLA. EN ÉL VEREMOS CASOS REALES DE CHANTAJE, ACOSO, ROBO DE IDENTIDAD, ETC. LAS VÍCTIMAS DE ESTOS DELITOS INFORMÁTICOS RELATAN EN PRIMERA PERSONA CÓMO SUS VIDAS DIERON UN GIRO DE 180 GRADOS Y LO QUE SUFRIERON POR CONFIAR EN ALGUIEN DESCONOCIDO EN INTERNET.

TODOS ESTOS CASOS SON ANALIZADOS EN EL DOCUMENTAL POR JAVIER NÚÑEZ, UN INSPECTOR DE LA POLICÍA ESPECIALIZADO EN DELITOS CIBERNÉTICOS CON MÁS DE DIEZ AÑOS DE EXPERIENCIA EN RESOLUCIÓN DE CASOS COMPLICADOS. JAVIER NOS DARÁ CONSEJOS ÚTILES DE SEGURIDAD AL UTILIZAR CUALQUIER DISPOSITIVO INFORMÁTICO.

A PESAR DE QUE SE TRATA DE UN DOCUMENTAL DE BAJO PRESUPUESTO, SIN ACTORES CONOCIDOS Y CON UN DIRECTOR RECIÉN SALIDO DE LA ACADEMIA, "LOS PELIGROS EN LA RED" HA SIDO NOMINADO ESTE AÑO EN LA CATEGORÍA DE MEJOR DOCUMENTAL EN LOS PREMIOS GOYA.

PRUEBA 4
EXPRESIÓN E INTERACCIÓN ORALES

Esta prueba contiene tres tareas:

Tiene 20 minutos para preparar las Tareas 1 y 2.

Usted puede tomar notas y escribir un esquema de su exposición que podrá consultar durante el examen; en ningún caso podrá limitarse a leer el esquema o sus notas.

TAREA 1

INSTRUCCIONES

Le proponemos dos temas con algunas indicaciones para preparar una exposición oral. Elija uno de ellos. Tendrá que hablar durante 3 o 4 minutos sobre ventajas e inconvenientes de una serie de soluciones propuestas para una situación determinada, comente a quién benefician y a quién perjudican, si habría que modificar algo, etc. A continuación, conversará con el entrevistador sobre el tema durante 2-3 minutos.

OPCIÓN 1. EL PROBLEMA DEL SOBREPESO

En su región hay un alto índice de personas con problemas de obesidad, esta situación salió a la luz a raíz de un informe del Ministerio de Sanidad.

El problema puede ser preocupante, ya que el porcentaje de población con un peso excesivo crece cada año. En las redes sociales usted ha visto diferentes propuestas, opine sobre ellas.

> Deberíamos cerrar todos los restaurantes de comida basura. Antes de abrir un establecimiento con comida habría que hacer un control de calidad de los productos.

> La solución pasa por obligar a todos los habitantes a realizarse revisiones médicas periódicas en los centros de salud. Al menos, una al mes.

> Si alguien quiere comer comida basura o azúcar que pague más, hay que implantar ya mismo un impuesto.

> Creo que hay que realizar una campaña publicitaria agresiva en todos los medios de comunicación. Debemos asustar a la gente para que adelgace.

> El problema desaparecerá con el tiempo, hay que invertir el dinero en otras cosas más útiles, como los parques y jardines.

> El deporte es la clave, debe ser gratis y accesible para todos. Necesitamos más carriles bici, pistas de tenis, campos de fútbol, rutas de escalada, etc.

OPCIÓN 2. LOS MEDIOS DE COMUNICACIÓN

En este momento cualquiera que tenga una página web se piensa que posee un medio de comunicación. La información es cada vez más confusa, apenas se distinguen las noticias reales de las falsas. En la red se expanden multitud de rumores, en ocasiones intencionados, que influyen en la política o la sociedad. Tras escuchar un debate de expertos, exprese su opinión sobre las propuestas ofrecidas.

El gobierno debería controlar la información. Habría que crear un ministerio que hiciese de filtro para las noticias.

El acceso a la información debe ser libre, la gente ha de ser adulta y contrastar las noticias por sí misma.

Se debe crear una clasificación de calidad de los medios de comunicación. Al final del año, los primeros de la lista recibirían una recompensa económica.

Para poder publicar noticias todos los periódicos o webs deberían tener un permiso. Se pueden organizar cursos y exámenes oficiales.

El problema es que los periodistas no están preparados. La carrera universitaria debería tener 3 o 4 años más, para que se especialicen.

Hay que dar facilidades a la gente para que pueda poner denuncias por información falsa. Se podrían organizar juicios rápidos para casos urgentes.

TAREA 2

INSTRUCCIONES

Usted debe imaginar una situación a partir de una fotografía y describirla durante 2 o 3 minutos. A continuación conversará con el entrevistador acerca de sus experiencias y opiniones sobre el tema de la situación. Tenga en cuenta que no hay una respuesta correcta: debe imaginar la situación a partir de las preguntas que se le proporcionan. Deberá elegir una de las dos fotografías.

OPCIÓN 1

- ¿Dónde cree que están? ¿Qué hacen?
- ¿Qué relación piensa que hay entre estas personas?
- ¿Cómo imagina que son estas personas? ¿Qué cree que sienten en este momento? ¿Por qué?
- ¿Qué cree que está pasando?
- ¿Sobre qué piensa que están hablando?

OPCIÓN 2

- ¿Qué puede decir sobre esta persona?
- ¿Cómo cree que es? ¿Qué carácter tiene?
- ¿Qué siente en este momento?
- ¿Qué cree que ocurrirá a continuación?
- ¿Qué piensa usted que le ha pasado para llegar a esta situación?
- ¿Cómo imagina su futuro dentro de 10 años?

TAREA 3

INSTRUCCIONES

Usted debe conversar con el entrevistador sobre los datos de un gráfico, expresando su opinión al respecto. Deberá elegir una de las dos opciones propuestas.

OPCIÓN 1

Esta es una encuesta realizada en España sobre el medio ambiente.

¿Qué prioridad le da usted a…?

	Mucha	Bastante	Poca	Ninguna
Reciclar				
Ahorrar energía				
Transporte público				
No usar plásticos				
Reutilizar envases				
Cultivar alimentos				

A continuación, podemos ver los resultados de la encuesta:

¿Qué prioridad le da usted a…?

	Mucha	Bastante	Poca	Ninguna
Reciclar	**84 %**	7 %	6 %	3 %
Ahorrar energía	17 %	21 %	**42 %**	20 %
Transporte público	**47 %**	8 %	4 %	41 %
No usar plásticos	12 %	13 %	26 %	**49 %**
Reutilizar envases	15 %	17 %	**39 %**	29 %
Cultivar alimentos	21 %	**29 %**	27 %	23 %

OPCIÓN 2

> Según una encuesta realizada en Asturias, el 70% de los asturianos acude a las urnas a votar cada vez que hay elecciones. Un 67% de la población de la región asegura estar muy implicada en la vida política, mientras que el 82% de los encuestados afirma que se informa a diario en los medios de comunicación sobre la situación política del país.

Dé su opinión sobre los datos de la encuesta:

· ¿Le sorprende alguno de ellos?

· ¿Serían iguales en su región?

· ¿Cuál cree que sería el resultado de la siguiente encuesta en su país?

	SÍ/NO
¿Acude usted con frecuencia a votar a su centro electoral?	
¿Su tema preferido de conversación es la política?	
¿Sigue en directo los resultados de las votaciones?	
¿Le gustaría trabajar en política?	

VOCABULARIO Y MODELO 4

VIAJES, COMPRAS Y ALIMENTACIÓN

VOCABULARIO

¿Conoces estas palabras?

Establecimiento	Colchoneta
Cadena	Rotonda
Distribución	Bache
Clientela	Cruce
Consumidor	RENFE
Reparto	Señal
Etiqueta	Pincho
Alarma	Ración
Reclamación	Tazón
Conjunto	Olla
Delantal	Recipiente
Cremallera	Abrelatas
Percha	Barra
Estampado	Bufé
Arrugado	Sabroso
Doblado	Delicioso
Ruta	Incomible
Trayecto	Exquisito
Itinerario	Caducado
Vestíbulo	Grifo

1. Relaciona las siguientes palabras con sus definiciones:

peaje – barril – escaparate – banquete – flotador – albornoz – matrícula – aguja – sacacorchos – exprimidor

1. Instrumento metálico que se utiliza para quitar los tapones de las botellas de vidrio, especialmente las de vino.

2. Espacio exterior de las tiendas, cerrado con cristales, donde se exponen las mercancías.

3. Utensilio de un material insumergible (plástico, goma, etc.) que sirve para que una persona o alguna cosa no se hunda.

4. Pago correspondiente a los derechos de tránsito o circulación por determinados lugares, como algunas autopistas, puentes, túneles, aduanas, etc.

5. Prenda de vestir que cubre el cuerpo, larga y abierta por delante, se abrocha con un cinturón y se usa al salir de la ducha. Suele ser de manga larga y a veces lleva capucha.

6. Objeto pequeño, delgado y alargado, generalmente de metal, con un extremo terminado en punta que se usa para distintos fines, como coser o acupuntura.

7. Comida a la que asisten muchas personas y en la que se celebra un acontecimiento.

8. Recipiente cilíndrico de madera o metal que se usa para contener líquidos, sustancias en polvo o en grano.

9. Utensilio de cocina o aparato electrodoméstico que se utiliza para extraer el zumo de diferentes frutas, en especial cítricos.

10. Placa que llevan los vehículos y las embarcaciones, generalmente en la parte delantera y trasera, donde se indica el número con el que están registrados legalmente.

2. Usa los verbos en las siguientes oraciones (conjugados adecuadamente).

rallar – quemarse – devorar – pilotar – ayunar – tragar – extraviar – tapear – disfrutar – pudrirse

1. Se quedó dormido en la playa bajo el sol de mediodía y .... toda la espalda.

2. Espero que .... mucho de tus vacaciones, ojalá pudiese ir contigo.

3. A mi perro le encantaban las aceitunas, se las comía como un loco, incluso se .... los huesos.

4. Si supieras .... mejor, la avioneta no se habría estrellado, por fortuna, no hubo heridos de gravedad.

5. No quiero que .... el queso tú solo, eres demasiado joven y podrías cortarte el dedo.

6. Nos dejamos unos aguacates en la barra de la cocina y nos fuimos de vacaciones, ... y cuando volvimos el olor era insoportable, estaban completamente negros

7. Espero que las maletas no se .... durante el viaje, tengo el portátil que uso en el trabajo.

8. Tenían tanta hambre que .... todo lo que les pusimos, incluso las acelgas.

9. Durante el Ramadán, los musulmanes .... durante la mayor parte del día.

10. Esta noche vamos a cenar ligero, podemos ir al centro y .... algo.

MODELO 4 HOJA DE RESPUESTAS

Prueba 1. Comprensión de lectura

Tarea 1
1. A☐ B☐ C☐
2. A☐ B☐ C☐
3. A☐ B☐ C☐
4. A☐ B☐ C☐
5. A☐ B☐ C☐
6. A☐ B☐ C☐

Tarea 2
7. A☐ B☐ C☐ D☐
8. A☐ B☐ C☐ D☐
9. A☐ B☐ C☐ D☐
10. A☐ B☐ C☐ D☐
11. A☐ B☐ C☐ D☐
12. A☐ B☐ C☐ D☐
13. A☐ B☐ C☐ D☐
14. A☐ B☐ C☐ D☐
15. A☐ B☐ C☐ D☐
16. A☐ B☐ C☐ D☐

Tarea 3
17. A☐ B☐ C☐ D☐ E☐ F☐ G☐ H☐
18. A☐ B☐ C☐ D☐ E☐ F☐ G☐ H☐
19. A☐ B☐ C☐ D☐ E☐ F☐ G☐ H☐
20. A☐ B☐ C☐ D☐ E☐ F☐ G☐ H☐
21. A☐ B☐ C☐ D☐ E☐ F☐ G☐ H☐
22. A☐ B☐ C☐ D☐ E☐ F☐ G☐ H☐

Tarea 4
23. A☐ B☐ C☐
24. A☐ B☐ C☐
25. A☐ B☐ C☐
26. A☐ B☐ C☐
27. A☐ B☐ C☐
28. A☐ B☐ C☐
29. A☐ B☐ C☐
30. A☐ B☐ C☐
31. A☐ B☐ C☐
32. A☐ B☐ C☐
33. A☐ B☐ C☐
34. A☐ B☐ C☐
35. A☐ B☐ C☐
36. A☐ B☐ C☐

Prueba 2. Comprensión auditiva

Tarea 1
1. A☐ B☐ C☐
2. A☐ B☐ C☐
3. A☐ B☐ C☐
4. A☐ B☐ C☐
5. A☐ B☐ C☐
6. A☐ B☐ C☐

Tarea 2
7. A☐ B☐ C☐
8. A☐ B☐ C☐
9. A☐ B☐ C☐
10. A☐ B☐ C☐
11. A☐ B☐ C☐
12. A☐ B☐ C☐

Tarea 3
13. A☐ B☐ C☐
14. A☐ B☐ C☐
15. A☐ B☐ C☐
16. A☐ B☐ C☐
17. A☐ B☐ C☐
18. A☐ B☐ C☐

Tarea 4
19. A☐ B☐ C☐ D☐ E☐ F☐ G☐ H☐ I☐ J☐
20. A☐ B☐ C☐ D☐ E☐ F☐ G☐ H☐ I☐ J☐
21. A☐ B☐ C☐ D☐ E☐ F☐ G☐ H☐ I☐ J☐
22. A☐ B☐ C☐ D☐ E☐ F☐ G☐ H☐ I☐ J☐
23. A☐ B☐ C☐ D☐ E☐ F☐ G☐ H☐ I☐ J☐
24. A☐ B☐ C☐ D☐ E☐ F☐ G☐ H☐ I☐ J☐

Tarea 5
25. A☐ B☐ C☐
26. A☐ B☐ C☐
27. A☐ B☐ C☐
28. A☐ B☐ C☐
29. A☐ B☐ C☐
30. A☐ B☐ C☐

PRUEBA 1
COMPRENSIÓN DE LECTURA

La prueba de **Comprensión de lectura** contiene cuatro tareas. Usted debe responder a 36 preguntas. Marque sus opciones únicamente en la **Hoja de respuestas**.

⏱ Duración: 70 minutos.

TAREA 1

Instrucciones
Usted va a leer un texto sobre una tienda sin dependientes. Después, debe contestar a las preguntas (1-6). Seleccione la respuesta correcta (a / b / c). Marque las opciones elegidas en la **Hoja de respuestas**.

LA PRIMERA TIENDA SIN DEPENDIENTES LLEGA A ESPAÑA

La empresa pionera en el sector de la venta en internet de muebles Tudecora.com ha abierto en Madrid la primera tienda sin dependientes físicos de todo el territorio nacional y quiere posicionarse como un nuevo modelo de experiencia de compra.

"La idea se me ocurrió hace un año cuando Amazon abrió una tienda así en Seattle (EEUU), en la que los compradores sólo tienen que coger un producto y salir con él del local sin necesidad de pasar por caja", asegura Miguel Ángel López, fundador y CEO de la empresa.

Tudecora.com abrió este comercio en Madrid en noviembre, tras haber realizado pruebas en otro local en Guadalajara para verificar cómo funcionaba el sistema. Ahora tienen intención de expandirse al resto de España.

El cliente puede acceder a la tienda de diez de la mañana a diez de la noche, los 365 días del año y tiene una hora para ver y tocar los muebles. Si lo desea, puede realizar el pedido desde allí a través de una pantalla táctil o incluso con su propio móvil. "De esta forma, el cliente toma el control total de la tienda y no hay un dependiente que le esté agobiando", afirma López, que añade que "si los negocios no evolucionan, mueren" y, por ello, tomó la iniciativa de este proyecto.

Este sistema permite a los clientes abrir la puerta de la tienda desde su móvil cuando lo deseen (fuera de horarios comerciales e incluso en días festivos), previa revisión de la solicitud por parte de la empresa.

En el local de unos 30 metros cuadrados, hay cerca de una veintena de armarios, estanterías o cabeceros de la cama, mientras, en la pared, hay varias muestras de acabados de madera de pino, diferentes telas y un muestrario de tiradores y asas para armarios y cajones.

López insiste en que no hay dependiente propiamente físico, pero que, si los clientes lo desean, pueden solicitar asesoramiento presencial o ser atendidos por videollamada.

Ante la seguridad del local, el fundador de tudecora.com insiste en que "por ahora no ha tenido ningún problema" y que su modelo se basa en "la confianza y la buena fe de las personas".

En relación con el empleo, López asegura que este modelo de negocio le ayuda a la "conciliación familiar", puesto que puede controlar la tienda desde el salón de su casa con sus tres hijos y defiende que el empleo se tiene que transformar y debemos ser conscientes de que hay puestos de trabajo tradicionales que van a desaparecer.

López quiere llevar este modelo de comercio a otros sectores más allá del mueble y está iniciando un proyecto para asesorar a otras empresas a que se adapten a esta tecnología.

Adaptado de: www.expansion.com

PREGUNTAS

1. El texto trata sobre…
   a) el primer punto de venta sin dependientes del mundo.
   b) un establecimiento que surgió de copiar un modelo moderno de negocio.
   c) un nuevo negocio con varios socios.

2. En el texto se menciona que tudecora.com…
   a) abrió su tienda en la capital tras haber fracasado en otro lugar.
   b) tiene dudas sobre la eficacia del nuevo sistema.
   c) pretende ampliar el número de puntos de venta de este tipo.

3. El señor López opina que…
   a) hay que vigilar a los clientes los 365 días del año.
   b) en algunas ocasiones los empleados de las tiendas pueden llegar a molestar a los clientes.
   c) todos los negocios mueren, independientemente de lo que hagan.

4. Según dice el artículo,…
   a) cuando las puertas se abran, el cliente recibirá una confirmación en el móvil.
   b) el cliente no puede abrir las puertas durante los días festivos.
   c) para que los clientes puedan acceder a la tienda, la empresa debe dar el visto bueno.

5. La tienda física de Tudecora.com…
   a) funciona a modo de exposición.
   b) ofrece atención por videollamada para aquellos que estén suscritos al programa de fidelidad.
   c) cobra por los servicios de asesoramiento presencial.

6. Miguel Ángel López…
   a) ha pedido asesoramiento a otras empresas para expandir su negocio.
   b) cree que en otros sectores no sería posible implantar este modelo de negocio.
   c) opina que varios empleos que tenemos hoy en día dejarán de existir.

TAREA 2

INSTRUCCIONES

Usted va a leer cuatro textos sobre las experiencias de unas personas. Relacione las preguntas (7-16) con los textos (A, B, C y D).

Marque las opciones elegidas en la **Hoja de respuestas**.

PREGUNTAS

		A. SOL	B. ELI	C. NOEL	D. SAÚL
7.	¿Quién dice que recibió un préstamo?				
8.	¿Quién viajó por asuntos laborales?				
9.	¿Quién sufrió por la validez de un documento?				
10.	¿Quién temía no recuperar la fianza que pagó?				
11.	¿Quién necesitó los servicios de un fontanero?				
12.	¿Quién comenta que se emborrachó?				
13.	¿Quién gastó todos sus ahorros?				
14.	¿Quién asistió a un evento deportivo?				
15.	¿Quién dice que el marisco del lugar es muy sabroso?				
16.	¿Quién comenta que hubo un percance con la iluminación?				

PREGUNTAS

A. SOL

Estuve con mi hija en la costa murciana en julio, fuimos allí porque mi hermana tiene una segunda residencia en Cartagena y no tuvimos que pagar por dormir. Con lo que nos ahorramos del alojamiento nos permitimos el lujo de disfrutar de las delicias locales, los mejillones y las almejas de la región son espectaculares. Recuerdo un día en el que tuvimos un pequeño percance en la casa de mi hermana, no sé muy bien qué pasó, pero se nos inundó la cocina. En menos de una hora ya había un hombre solucionando la situación, cambió un grifo y una tubería y lo dejó todo como nuevo. El último día de nuestro viaje nos dimos cuenta de que ya habíamos gastado mucho, así que como regalos compramos unos adornos navideños que estaban de oferta y nos volvimos a casa contentísimas.

B. ELI

Mi marido y yo fuimos el fin de semana pasado a Zaragoza, yo quería visitar a unos inversores y él me acompañó. La ciudad me sorprendió, no me esperaba que fuera tan hermosa. Lo pasamos muy bien juntos, incluso fuimos a ver un partido de un equipo que yo ni conocía, se clasificaron para la semifinal de algún campeonato europeo y aquella noche hubo una gran celebración por toda la ciudad. Recuerdo que volvimos a casa el domingo por la noche, estábamos conduciendo por una carretera solitaria cuando pinchamos una rueda, el escenario era terrorífico. Un coche se paró y dos hombres nos ofrecieron su ayuda, tengo que admitir que me puse un poco histérica y les dije que se fueran o llamaría a la policía. Por suerte, conseguimos avisar a una grúa y todo se solucionó en un par de horas.

C. NOEL

Era la despedida de soltero de mi mejor amigo y yo no podía faltar. Como andaba bastante justo, mis padres me dejaron algo de efectivo. El plan era simple, alquilar un apartamento y disfrutar como locos durante un fin de semana, todavía no me explico cómo pudo salir todo tan mal. El futuro novio se subió encima de una mesa y esta se partió por la mitad. Queríamos que nos devolvieran el depósito de garantía que dejamos, por ello llamamos urgentemente a un carpintero. Lo primero que hizo el hombre que vino fue abrir una botella de un licor que estaba fuertísimo, nos ofreció y no supimos decir que no, acabamos todos por los suelos, él incluido. Cuando vi el apartamento al día siguiente me asusté, aquello parecía un campo de batalla. Compré detergente, suavizante y dos o tres cosas más, intenté apañar un poco todo aquello, pero fue inútil.

D. SAÚL

Queríamos disfrutar a tope de Bilbao, como buenos norteños que somos, así que vaciamos por completo nuestra caja fuerte y no nos cortamos un pelo a la hora de elegir el hotel. La aventura empezó en el aeropuerto de Barajas, donde casi nos quedamos sin embarcar por culpa de la fecha de expiración del DNI de mi esposa, ¡qué estrés! Cuando llegamos a Bilbao nos enamoramos de la ciudad, se la recomiendo a todo aquel que no la haya visitado. Recuerdo una noche en la que se apagaron todas las bombillas del hotel, no sé exactamente qué tipo de avería hubo, pero fue de lo más gracioso que he visto en mi vida ver al recepcionista repartiendo linternas entre los clientes, acabamos disfrutando como niños de aquella situación.

TAREA 3

INSTRUCCIONES

Lea el siguiente texto, del que se han extraído seis fragmentos. A continuación, lea los ocho fragmentos propuestos (A-H) y decida en qué lugar del texto (17-22) hay que colocar cada uno de ellos.

HAY DOS FRAGMENTOS QUE NO TIENE QUE ELEGIR.

Marque las opciones elegidas en la **Hoja de respuestas**.

Montar un negocio familiar

Quizás quieras mucho a tus hermanos o a tus padres, pero ¿montarías un negocio con ellos? ¿Los tendrías como socios? ....(17).................. Según los datos del Instituto de la Empresa Familiar, en nuestro país hay 1,1 millones de empresas familiares, es decir, el 89% sobre el total de sociedades. Las empresas familiares suponen el mayor generador de empleo de España, con la creación de un 67% del empleo privado y 6,58 millones de puestos de trabajo. ....(18)...................

Emprender en familia tiene sus ventajas, eso es innegable. ....(19).................. Tienes la seguridad que te da el trabajar con la familia, porque más allá de los problemas de una empresa o las diferencias a la hora de gestionarla, sabes que tu familia nunca intentará perjudicarte.

Además, está la confianza, básica para una buena relación entre socios. Podemos saltarnos los parabienes de la relación profesional e ir directo al grano en cuanto las cosas se ponen difíciles. ....(20)..................

En cuanto a las desventajas de las empresas familiares, es fácil dejarte llevar y que el estrés del día a día afecte a la relación familiar y personal. En este sentido, por costumbre o tradición, no se quiere apostar por la innovación o incluso probar nuevos modelos de negocio. Además, es difícil prescindir de los servicios de alguien.

¿Qué se debe tener en cuenta para emprender en familia? ....(21).................. Lo primero es que la persona con la que emprendes entienda y conciba el negocio de la misma manera, exactamente igual que lo harías con cualquier socio. Cuando las cosas no vayan bien en la empresa, el parentesco no servirá de nada. Estar alineados es especialmente importante en el caso de la familia, porque si hay problemas más adelante no hay pacto que pueda evitar que se amargue la cena de Navidad.

No basta con escoger a alguien solo porque sea familia. También en estos casos se debe ser selectivo. …………(22)……….…... La responsabilidad, compromiso, compatibilidad de caracteres personales y compartir una misma visión del negocio son críticos.

Adaptado de: www.elperiodico.com

FRAGMENTOS

A. Sin embargo, pese a las buenas cifras, la realidad es que fundar y mantener un negocio en familia no resulta nada sencillo y puede agriar las relaciones entre los diferentes miembros.

B. También significa que podemos ser mucho más francos los unos con los otros y admitir dudas, flaquezas y cuándo no tenemos un buen día.

C. La alineación y objetivos compartidos entre los distintos socios es, en estos casos, incluso más importante que en una startup o empresa de otro tipo.

D. Son precisamente este tipo de familias las más propensas a abandonar sus proyectos comunes.

E. En España existe bastante tradición respecto a esta fórmula para emprender.

F. Lo primero es pensar si tiene las aptitudes y actitudes adecuadas para ser tu socio, al margen del parentesco.

G. Las familias que reciben la subvención del gobierno pueden seguir con este proceso.

H. Si hay una buena relación, rodearte de los tuyos se puede ver como un importante respaldo.

TAREA 4

INSTRUCCIONES

Lea el texto y rellene los huecos (23-36) con la opción correcta (a / b / c).

Marque las opciones elegidas en la **Hoja de respuestas**.

Amancio Ortega

Empresario español, presidente del grupo textil Inditex. A inicios del siglo XXI, se ......(23)........ que su fortuna personal era una de las mayores del país (4.808 millones de euros) y su entramado empresarial, uno de los más relevantes de España, valorado en más de 60.000 millones de euros.

Hijo de un ferroviario afincado en León, la familia se trasladó a La Coruña, donde el joven Amancio comenzó a trabajar como ......(24)........ en la camisería Gala, uno de los negocios comerciales más célebres de la capital gallega. Al poco tiempo, le contrataron en la mercería La Maja, en la que ......(25)........ trabajaban dos de sus hermanos, Antonio y Josefa, y donde conoció a Rosalía Mera Goyenechea, su primera esposa. Allí adquirió sus primeros conocimientos sobre el sector textil y no tardó en aventurarse con un negocio ......(26)........ al que bautizó en 1963 con el nombre de Confecciones Goa, donde comenzó a ......(27)........ batas.

Su concepción empresarial se asentó en la máxima de 'ofrecer moda a bajo precio' e ideó una fórmula para abaratar costes que pasaba por la formación de un negocio integrado en el que se fabricaba, se ......(28)........ y se vendía directamente el género. Así nació en 1975 la primera tienda Zara, en la calle Torreiro de La Coruña. Zara se ......(29)........ en pocos años en un fenómeno empresarial, con ......(30)........ precedentes en España.

En 1985 se creó Inditex, compañía que controla desde entonces las actividades de Zara y de las demás empresas del grupo. Inditex ha absorbido parte de las actividades del ......(31)........ productivo que antes eran realizadas por sus clientes o por sus proveedores. Además de en el negocio textil, Ortega ha diversificado su iniciativa empresarial hacia otros sectores industriales como el ......(32)........, el financiero, el automovilístico o la gestión de fondos de inversión.

La capacidad personal de Amancio Ortega para dirigir la empresa, unida a la política de precios, consiguió expandir el negocio e introducirlo con ……(33)……. en los mercados de cuarenta países, repartidos por todo el mundo. La estrategia de internacionalización del grupo ha sido intensa y se afianzó a partir del año 2000 con una ……(34)……. de 270 millones de euros, dirigida al crecimiento en el mercado exterior.

Desde 2007 Amancio Ortega ha figurado un año tras otro en el top 10 de las listas de los hombres más ricos del mundo que ……(35)……. la revista Forbes. Entre sus aficiones conocidas destacan la hípica, los automóviles y la pintura. Marcos, el único hijo varón de Ortega, nació con una grave ……(36)……. y el empresario promovió la fundación Paideia, una institución de apoyo a menores con deficiencias.

Adaptado de: www.biografiasyvidas.com

OPCIONES

23. a) instalaba   b) incorporaba   c) calculaba
24. a) repartidor   b) servidor   c) acogedor
25. a) ni   b) ya   c) para
26. a) propio   b) recuerdo   c) enchufe
27. a) producir   b) seguir   c) sufrir
28. a) convivía   b) extinguía   c) distribuía
29. a) recibió   b) convirtió   c) retiró
30. a) anuales   b) escasos   c) ejercidos
31. a) almacén   b) interino   c) proceso
32. a) inmobiliario   b) indefinido   c) redactado
33. a) taquilla   b) desfile   c) éxito
34. a) interrogación   b) presupuesto   c) inversión
35. a) pública   b) publica   c) publicaría
36. a) habilidad   b) discapacidad   c) capacidad

PRUEBA 2
COMPRENSIÓN AUDITIVA

Esta prueba contiene cinco tareas. Usted debe responder a 30 preguntas.

Duración: 40 minutos.

Marque las opciones elegidas en la **Hoja de respuestas**.

TAREA 1

INSTRUCCIONES

Usted va a escuchar seis conversaciones breves. Escuche cada conversación dos veces. Después debe contestar a las preguntas (1-6). Seleccione la opción correcta (a / b / c).

Marque las opciones elegidas en la **Hoja de respuestas**.

Tiene 30 segundos para leer las preguntas.

AUDIO EN MP3 DESCARGABLE O VÍDEO DE YOUTUBE "Comprensión Auditiva examen DELE B2 2021": 41:29

PREGUNTAS

Conversación 1

1. La mujer...
   a) se cansa con frecuencia.
   b) asistió a una ceremonia sencilla.
   c) odia los fuegos artificiales.

Conversación 2

2. En la conversación se dice que...
   a) el esposo de la chica que habla no se comportó bien.
   b) los postres no fueron del agrado de la mujer.
   c) los invitados actuaron de un modo extraño.

Conversación 3

3. Según la conversación, la pareja...
   a) ha decidido darse de baja de un servicio.
   b) ha gastado electricidad de un modo irresponsable.
   c) está de acuerdo con los cambios en su factura.

Conversación 4

4. Del audio se deduce que...
   a) los empleados tienen diferentes puntos de vista.
   b) el hombre es el encargado de la tienda.
   c) la mujer debe rellenar un formulario.

Conversación 5

5. La jefa...
   a) va a despedir a su trabajador.
   b) quiere ascender a su trabajador.
   c) confía plenamente en su trabajador.

Conversación 6

6. Una vez escuchado el audio sabemos que...
   a) el hombre suele realizar las tareas con antelación.
   b) el itinerario de viaje ha sufrido una modificación.
   c) imprimir los billetes es algo indispensable.

TAREA 2

INSTRUCCIONES

Usted va a escuchar una conversación entre dos personas, Álex y Lola. Indique si los enunciados (7-12) se refieren a Álex (A), a Lola (B) o a ninguno de los dos (C). Escuche la conversación dos veces.

Marque las opciones elegidas en la **Hoja de respuestas**.

Tiene 20 segundos para leer los enunciados.

 AUDIO EN MP3 DESCARGABLE O VÍDEO DE YOUTUBE "Comprensión Auditiva examen DELE B2 2021": 44:17

		A. ÁLEX	B. LOLA	C. NINGUNO
7.	No se encuentra en perfecto estado de salud.	☐	☐	☐
8.	Le encanta la bollería que venden en la tienda.	☐	☐	☐
9.	No tiene miedo de envejecer.	☐	☐	☐
10.	Su casa actual tiene ascensor.	☐	☐	☐
11.	Opina que los frutos secos son saludables.	☐	☐	☐
12.	Tiene un carácter brusco.	☐	☐	☐

TAREA 3

INSTRUCCIONES

Escuche dos veces la entrevista realizada a un hombre. Debe contestar a las preguntas (13-18). Seleccione la respuesta correcta (a / b / c).

Marque las opciones elegidas en la **Hoja de respuestas**.

Tiene 30 segundos para leer las preguntas.

 AUDIO EN MP3 DESCARGABLE O VÍDEO DE YOUTUBE "Comprensión Auditiva examen DELE B2 2021": 45:58

PREGUNTAS

13. La Ferretería Segarra...
    a) ha pasado de padres a hijos.
    b) va a celebrar su primer centenario.
    c) antes se encontraba en otro barrio.

14. Rodrigo Segarra dice que...
    a) antes se trabajaba mejor que ahora.
    b) algunos de los primeros trabajadores de la ferretería murieron.
    c) su bisabuelo dará explicaciones a la periodista.

15. Algunos de los clientes de la Ferretería Segarra...
    a) pidieron el cierre del establecimiento durante la crisis.
    b) agradecieron el apoyo de la empresa durante la pandemia.
    c) hicieron un acto de generosidad con la empresa.

16. El señor Segarra asegura que…
    a) la empresa está creciendo más que las grandes cadenas.
    b) sus clientes siempre vuelven porque sus precios son más competitivos.
    c) en ocasiones ha estado desilusionado y apenado por la competencia.

17. Durante este día…
    a) el horario de la ferretería ha variado.
    b) un cliente ha adquirido una herramienta.
    c) el establecimiento permanecerá cerrado.

18. En cuanto al sobrino de Rodrigo,…
    a) se trata de una persona incompetente.
    b) trabaja a disgusto.
    c) es un poco vago, pero desempeña bien sus labores.

TAREA 4

INSTRUCCIONES

Usted va a escuchar a seis personas que hablan sobre alimentación. Escuche a cada persona dos veces. Seleccione el enunciado (A-I) que corresponde al tema del que habla cada persona (19-24). Hay nueve enunciados, seleccione solamente seis.

Marque las opciones elegidas en la **Hoja de respuestas**.

Tiene 20 segundos para leer los enunciados.

AUDIO EN MP3 DESCARGABLE O VÍDEO DE YOUTUBE "Comprensión Auditiva examen DELE B2 2021": 48:24

ENUNCIADOS

A.	La comida era escasa.
B.	Piensa que había expirado la fecha de consumo de algo.
C.	Solo había marisco.
D.	La carne rebozada que preparó fue todo un éxito.
E.	El recipiente era hermoso.
F.	Una de las personas tenía alergia.
G.	El producto estaba congelado.
H.	El camarero sacó un plato que no habían pedido.
I.	Las especias aportaban buen sabor al plato.

	PERSONA	ENUNCIADO
19.	Persona 1	
20.	Persona 2	
21.	Persona 3	
22.	Persona 4	
23.	Persona 5	
24.	Persona 6	

TAREA 5

INSTRUCCIONES

Usted va a escuchar a una persona que habla sobre un destino turístico. Escuche la audición dos veces. Después debe contestar a las preguntas (25-30). Seleccione la opción correcta (a / b / c).

Marque las opciones elegidas en la **Hoja de respuestas**.

Tiene 30 segundos para leer las preguntas.

 AUDIO EN MP3 DESCARGABLE O VÍDEO DE YOUTUBE "Comprensión Auditiva examen DELE B2 2021": 50:46

PREGUNTAS

25. Durante su discurso, Ernesto relata que...
  a) viajaron hacia el norte para ir a Benidorm.
  b) realiza el viaje a Benidorm periódicamente con su familia.
  c) el trayecto fue bastante largo, ya que atravesó su país.

26. Según nos cuenta el hombre, en Benidorm...
  a) hay edificios de gran altura.
  b) hay una abundante vegetación exótica.
  c) las montañas impiden que se vea bien la ciudad.

27. El señor López Arriaga nos dice que...
  a) su familia va a la iglesia a menudo.
  b) sus hijos adoraban jugar con la arena.
  c) su mujer no quiso salir de la sombra de la sombrilla.

28. Ernesto comenta que...
  a) la gente del norte no suele ser precavida.
  b) perdió una de las maletas.
  c) llevaron ropa de abrigo al viaje.

29. En cuanto a su aventura con la acampada, Ernesto...
  a) dice que la experiencia fue agradable.
  b) fue a un establecimiento para quejarse.
  c) adquirió un producto de segunda mano.

30. Al hablar de la Costa Blanca, Ernesto dice que...
  a) hay que pagar por circular por varias carreteras.
  b) necesita ayuda para volver a ir al lugar.
  c) lo mejor es adquirir una guía de viajes.

PRUEBA 3
EXPRESIÓN E INTERACCIÓN ESCRITAS

Esta prueba contiene 2 tareas.

⏱ Duración: 80 minutos.

Haga sus tareas en la **Hoja de respuestas**.

TAREA 1

INSTRUCCIONES

Usted va a escuchar una locución sobre un nuevo centro comercial. A continuación, deberá escribir un correo electrónico a su amigo para contarle lo que ha oído. Tome notas para luego utilizarlas en su email, en él deberá:

- saludar;
- hablar sobre lo que ha escuchado;
- decir lo que podrían hacer en este lugar y despedirse;

Número de palabras: **entre 150 y 180**.

 AUDIO EN MP3 DESCARGABLE O VÍDEO DE YOUTUBE "Comprensión Auditiva examen DELE B2 2021": 53:27

TAREA 2

INSTRUCCIONES

Elija solo una de las dos opciones.
Número de palabras: **entre 150 y 180**.

OPCIÓN 1

Usted debe escribir una redacción sobre la procedencia de los turistas que viajan a España. Utilice la siguiente infografía para inspirarse:

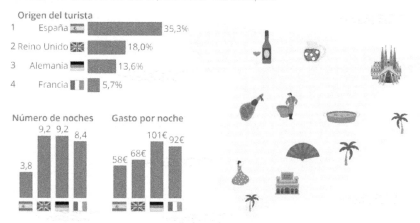

Vía: www.es.statista.com

En su redacción, deberá:

- analizar los datos, haciendo alguna comparación;
- destacar algún dato sobre el resto;
- expresar su opinión;
- comentar la procedencia de los turistas que viajan a su país.

OPCIÓN 2

Usted ha visto una serie de ofertas de trabajo que cree que pueden ser interesantes para los lectores de su blog. Por ello, ha decidido escribir un artículo para darlas a conocer. Lea el texto con las ofertas de trabajo antes de comenzar su escrito, en él deberá:

- ofrecer la información relevante sobre las ofertas de trabajo;
- dar su opinión sobre ellas;
- dar algún consejo para quien pueda estar interesado.

¡ÚNETE A NUESTRO EQUIPO!

La cadena de hoteles RÍO AZUL se está preparando para el inicio de la temporada turística. Como hacemos cada año, contrataremos a cientos de trabajadores para nuestros resorts, repartidos por toda la costa del mar Mediterráneo.

Tienen prioridad todas aquellas personas que ya hayan trabajado con la cadena RÍO AZUL, pero siempre andamos a la búsqueda de nuevos talentos. Necesitamos empleados para trabajar en la recepción, así como cocineros, camareros, animadores infantiles y socorristas. En el caso de los socorristas, es imprescindible que tengan el título oficial y dos años de experiencia en hoteles.

Ofrecemos contrato de tres meses con dos semanas de vacaciones. Si no tienes dónde dormir, puedes alojarte en una de las habitaciones que ofrecemos a nuestros trabajadores, a un precio muy reducido. Del mismo modo, todos los empleados de RÍO AZUL pueden desayunar, comer y cenar en los hoteles por un precio simbólico de 5€/día. También estamos abiertos a contratos de prácticas con estudiantes de la universidad.

No te lo pienses dos veces, envíanos tu solicitud a través de la web: www.rioazul.es

PRUEBA 4
EXPRESIÓN E INTERACCIÓN ORALES

Esta prueba contiene tres tareas:

Tiene 20 minutos para preparar las Tareas 1 y 2.

Usted puede tomar notas y escribir un esquema de su exposición que podrá consultar durante el examen; en ningún caso podrá limitarse a leer el esquema o sus notas.

TAREA 1

INSTRUCCIONES

Le proponemos dos temas con algunas indicaciones para preparar una exposición oral. Elija uno de ellos. Tendrá que hablar durante 3 o 4 minutos sobre ventajas e inconvenientes de una serie de soluciones propuestas para una situación determinada, comente a quién benefician y a quién perjudican, si habría que modificar algo, etc. A continuación, conversará con el entrevistador sobre el tema durante 2-3 minutos.

OPCIÓN 1. EL COMERCIO TRADICIONAL

El centro de su ciudad se está quedando sin apenas tiendas, todas están optando por irse a los grandes centros comerciales de las afueras, donde hay más clientela. Los comercios tradicionales se están viendo obligados a cerrar, dentro de poco tiempo el centro de la ciudad perderá todo su encanto. En una discusión con amigos ha escuchado las siguientes propuestas, coméntelas.

> Por cada tienda que se abra en un centro comercial, la misma cadena debería abrir otra en el centro, tiene que haber una ley que obligue a esto.

> Tenemos que ayudar a los comercios tradicionales, hay que bajar sus impuestos, está claro que no ganan tanto dinero como las franquicias.

> El centro histórico no debería tener tiendas, solamente bares, cafeterías y atracciones para los turistas, ellos son los que más gastan.

> Los comercios del centro deberían tener una asociación para estar organizados, podrían crear promociones conjuntas y eventos.

> En los negocios solo sobreviven los más fuertes, si alguien cierra su local es porque no lo ha hecho bien, no veo el problema.

> Hay que crear más plazas de aparcamiento en el centro, así más clientes podrán hacer sus compras en estos comercios tradicionales.

OPCIÓN 2. EL TURISMO RURAL

Tenemos un problema, casi todos los turistas prefieren ir a las zonas de playa y alojarse en resorts con piscina. Nuestra región rural se está quedando despoblada y apenas obtiene beneficios del turismo. Si no encontramos soluciones pronto, los restaurantes, tiendas, cafeterías, gasolineras y otros comercios empezarán a cerrar. Comente las siguientes propuestas para solucionar el problema.

> Hay que crear atracciones turísticas en el campo, ofrezcamos aventura y diversión a bajo precio para que vengan los turistas.

> El problema son las carreteras, están en mal estado. Debemos construir nuevas autovías y puentes.

> Necesitamos ayuda del gobierno regional, podría darnos dinero para crear páginas web y así encontrar turistas extranjeros.

> Hay que ir a las zonas de playa a buscar a los turistas y organizar excursiones de un día al campo con autobuses gratuitos.

> Quizás invertir en turismo no tenga sentido, debemos especializarnos en la ganadería y la agricultura.

> La solución pasa por que los escolares visiten nuestra región. Todos deberían tener un viaje obligatorio al campo con sus escuelas, al menos una vez al año.

TAREA 2

INSTRUCCIONES

Usted debe imaginar una situación a partir de una fotografía y describirla durante 2 o 3 minutos. A continuación conversará con el entrevistador acerca de sus experiencias y opiniones sobre el tema de la situación. Tenga en cuenta que no hay una respuesta correcta: debe imaginar la situación a partir de las preguntas que se le proporcionan. Deberá elegir una de las dos fotografías.

OPCIÓN 1

- ¿Dónde cree que están? ¿Qué hacen? ¿Por qué?
- ¿Qué relación piensa que hay entre estas personas?
- ¿Cómo imagina que son estas personas? ¿Qué cree que sienten en este momento? ¿Por qué?
- ¿Qué cree que está pasando?
- ¿Qué sucederá a continuación?

OPCIÓN 2

- ¿Qué puede decir sobre estas personas?
- ¿Cómo cree que son? ¿Qué relación hay entre ellos?
- ¿Qué sienten en este momento?
- ¿Cómo han llegado hasta este lugar?
- ¿Qué piensa usted que van a hacer?

TAREA 3

INSTRUCCIONES
Usted debe conversar con el entrevistador sobre los datos de un gráfico, expresando su opinión al respecto. Deberá elegir una de las dos opciones propuestas.

OPCIÓN 1

Esta es una encuesta realizada entre la población española sobre sus viajes.

¿QUÉ BUSCA DURANTE SUS VACACIONES?
MARQUE LAS OPCIONES

Aventura	Fiesta	Diversión	Cultura
Tranquilidad	Amistades	Sorpresas	Seguridad
Deporte	Fotografías	Amor	Negocios
Salud	Religión	Soledad	Conflictos

A continuación, podemos ver el número de personas que marcó cada una de las opciones:

Aventura	Fiesta	Diversión	Cultura
359	220	698	450
Tranquilidad	Amistades	Sorpresas	Seguridad
660	76	290	610
Deporte	Fotografías	Amor	Negocios
115	497	86	51
Salud	Religión	Soledad	Conflictos
167	84	119	19

OPCIÓN 2

> Solo este año se ha triplicado el número de ventas por internet. Los productos que más se han adquirido han sido: ropa, videojuegos, componentes informáticos y juguetes.

¿Con qué frecuencia compra usted por internet?	
¿Confía en todas las tiendas online en las que entra?	
¿Cómo valora el servicio de atención al cliente de las tiendas online?	
¿Ha pensado alguna vez en tener un negocio online?	

SOLUCIONES Y TRANSCRIPCIONES

VOCABULARIO Y MODELO 1

1. 1 taller, 2 grúa, 3 indemnización, 4 pantalla, 5 garantía, 6 delito, 7 ETT, 8 precisión, 9 ahorros, 10 método.

2. 1 quebrara/quebrase, 2 declinar, 3 compaginaba, 4 cotizar, 5 proveía, 6 se han basado, 7 retiré, 8 analices, 9 reiniciar, 10 configures.

Prueba 1, Comprensión de lectura

Tarea 1
1a, 2c, 3b, 4a, 5c, 6b.

Tarea 2
7c, 8a, 9b, 10d, 11d, 12a, 13b, 14d, 15a, 16c.

Tarea 3
17c, 18e, 19g, 20a, 21h, 22b.

Tarea 4
23b, 24a, 25b, 26b, 27a, 28c, 29a, 30c, 31b, 32a, 33c, 34b, 35a, 36a.

Prueba 2, Comprensión auditiva

Tarea 1

1. Solución: a
Transcripción:
HOMBRE: Marta, ¿tienes un segundo?

MUJER: Bueno, tengo un montón de trabajo pendiente, pero dime, ¿qué necesitas?

HOMBRE: Quiero cargar imágenes en la nueva plataforma, pero no me deja hacerlo, ¿crees que será por el formato de los archivos?

MUJER: No, es imposible, déjame que lo mire, aquí está el problema, no puedes poner signos de interrogación en los títulos de las imágenes.

2. Solución: b
Transcripción:
HOMBRE: Cariño, ¿sabes dónde está mi grapadora? ¿Y el celo? No puedo encontrar nada en este escritorio.

MUJER: ¿Has mirado en la buhardilla? Anoche trabajaste ahí.

HOMBRE: Tienes razón, menos mal que me lo has recordado, ya me estaba empezando a agobiar.

MUJER: No sé qué harías tú sin mí.

3. Solución: a
Transcripción:
MUJER: Me parece increíble lo que dice, es el hombre más rico del mundo y no quiere dar ni un céntimo para ayudar a los más pobres.

HOMBRE: Él asegura que es su estilo de vida lo que le ha hecho amasar esa fortuna, pero, con esa actitud, no creo que tenga muchos amigos.

MUJER: Apaga la tele, no puedo ver más este programa.

4. Solución: c
Transcripción:
HOMBRE: ¿Esta máquina nunca funciona? Estoy harto.

MUJER: ¿Qué le pasa? ¿Es el cartucho de tinta otra vez?

HOMBRE: Pues seguro que sí, se lo voy a comentar al jefe, así no hay quien pueda trabajar.

MUJER: Tranquilo, envíale un correo electrónico a Fran y seguro que lo arregla.

5. Solución: a
Transcripción:
MUJER: Buenos días, me gustaría comprar un cable de alimentación para mi rúter.

HOMBRE: Váyase a otra tienda, aquí no le vamos a atender.

MUJER: ¿Disculpe? ¿Qué pasa?

HOMBRE: Es que no me apetece buscar el cable ese, ¡váyase! Y no vuelva por aquí.

6. Solución: b
Transcripción:
MUJER: Buenos días, como usted es accionista de nuestra empresa, me gustaría proponerle un nuevo paquete de acciones que va ligado a una cuenta de ahorro.

HOMBRE: Me parece interesante, la verdad es que tengo algo de dinero ahorrado y no sé muy bien qué hacer con él.

MUJER: Perfecto, acérquese a nuestra sucursal y se lo explico todo en persona.

Tarea 2

Soluciones: 7b, 8b, 9c, 10a, 11a, 12c.
Transcripción:
HOMBRE: Hola, Sara. ¿Qué tal te ha ido el día?

MUJER: Pues bastante bien, Luis. Tras la rueda de prensa que he dado hoy estoy mucho más tranquila, creo que he sabido explicar lo sucedido y la empresa no se verá afectada, al menos, no demasiado.

HOMBRE: Sí, esperemos que no pase nada grave. Y tú, debes recordar no volver a superar la carga máxima de una embarcación, la historia pudo haber terminado en tragedia.

MUJER: Lo sé, los documentos deberían estar mal, en todo momento respeté la capacidad de pasajeros de la embarcación. Bueno, por suerte, es agua pasada, no hablemos más del tema. ¿Qué tal el nuevo exprimidor? ¿Lo has probado ya?

HOMBRE: De eso quería hablarte, al sacarlo de la caja se me ha caído, una pieza se ha soltado y ahora parece que no funciona. Al menos, no gira la parte superior como debería.

MUJER: Pues vaya semanita estamos teniendo. ¿Qué te parece si vamos este fin de semana a la sierra y nos olvidamos de todo? Creo que necesitamos desconectar.

HOMBRE: Si es para ir a un lugar aislado, me apunto. Un sitio de esos que durante el trayecto estás pensando "¿Dónde demonios me he metido?"

MUJER: Bueno, si te digo la verdad, yo prefiero ir al pueblo de mis abuelos, allí al menos tenemos cobertura y alguien con quien charlar.

HOMBRE: Veo que no coinciden nuestros gustos ni para esto, creo que deberíamos discutirlo con una buena taza de café.

MUJER: La cafetera todavía funciona, ¿no?

HOMBRE: Claro que sí, no seas mala, vamos a la cocina.

Tarea 3

Soluciones: 13b, 14c, 15c, 16b, 17a, 18a.
Transcripción:
HOMBRE: Estamos hoy con Eva Zapata, que acaba de recibir el premio internacional a la innovación tecnológica. Eva, cuéntanos algo sobre el día de hoy.

MUJER: Pues que te voy a decir, el día ha empezado con muchísimo estrés, la gala daba comienzo a las nueve de la mañana, yo soy una persona bastante impuntual y hoy no ha sido una excepción. Me he puesto nerviosísima, incluso he llegado a pensar que me iban a retirar el premio, pero una vez que tenía la estatuilla en mis manos, me he olvidado de todo y me ha inundado una alegría inmensa.

HOMBRE: He oído que la inspiración para su trabajo viene de un caso familiar, ¿es así?

MUJER: Efectivamente, mi padre usó lentillas durante gran parte de su vida, pero sus problemas se fueron acrecentando y a la edad de cuarenta y tres años se quedó completamente ciego. Recordar la cantidad de sudor y lágrimas que derramamos durante su lucha me motiva cada día en mi trabajo.

HOMBRE: El momento de la recogida del premio ha tenido una sorpresa especial, nos habéis emocionado a todos.

MUJER: Sí, sabía que mi novio iba a ser el encargado de entregarme el premio, pero no me esperaba para nada que encima del escenario se arrodillara y me entregase una alianza de compromiso. No tengo palabras para describir lo que he sentido, bueno, creo que todos lo habéis visto.

HOMBRE: Sin duda alguna ha sido uno de los momentos más emocionantes de la televisión. Eva, háblanos un poco sobre los inicios de tu proyecto.

MUJER: Pues, como todo proyecto científico en este país, empezó con financiación propia. Yo tenía algo de dinero ahorrado que recibí de la herencia de mi padre y lo invertí todo. Una vez que ya empezamos a obtener resultados aparecieron los patrocinadores y obtuvimos alguna que otra pequeña subvención pública.

HOMBRE: Sé que es difícil, pero, ¿podrías explicárnoslo muy brevemente?

MUJER: Es simple, las células del globo ocular envejecen, al igual que nosotros, nuestro dispositivo se va adaptando a ellas y les ofrece lo que necesitan en todo momento. Es mucho más efectivo que unas simples gafas de cristal.

HOMBRE: ¿Y ahora qué? ¿Qué planes tiene para el futuro?

MUJER: Hoy festejar, pero mañana ya toca continuar trabajando, me esperan siete días muy duros. Aún queda mucho por hacer y la jubilación está muy lejos. Desde hoy mismo dirijo la asociación española de la innovación, es todo un honor. Los socios de la asociación me han dado su apoyo y no les pienso defraudar.

HOMBRE: Muchísimas gracias por la entrevista. Ha sido un placer.

MUJER: Gracias a ti, adiós.

Tarea 4

19. Solución: e

Transcripción: La noticia estaba en todos los periódicos nacionales, no me la podía creer, pero las portadas no mentían. La gran mayoría de las empresas de la bolsa española había duplicado su valor en apenas unas horas. Creo que todo tiene relación con la decisión del presidente de bajar los impuestos a partir de febrero.

20. Solución: a
Transcripción: Las imágenes son increíbles, la cola en la oficina del INEM da la vuelta a la manzana, si el paro continúa creciendo a este ritmo vamos a tener que emigrar todos. No sé cómo los políticos no se han dado cuenta de esto, si hasta mi abuelo lo veía venir desde hace quince años.

21. Solución: c
Transcripción: La carta no dejaba lugar a ninguna duda, Hacienda nos estaba controlando. Querían que enviásemos toda la información que tuviéramos sobre los ingresos y los gastos de la última década. Mi jefa estaba completamente aterrada, creo que nunca la había visto así, pálida como si la sangre hubiera desaparecido de su cuerpo.

22. Solución: h
Transcripción: Metí todos mis ahorros en un plazo fijo que vi por internet. Tenía un tipo de interés bastante atractivo, por lo que no lo dudé ni un segundo. Resultó ser todo un engaño, jamás volví a ver mis ahorros. Lo he denunciado y estoy esperando a ver qué pasa.

23. Solución: f
Transcripción: Según un estudio realizado durante los últimos tres meses, el buzoneo, los carteles y las pancartas son los métodos de propaganda que menos influencia tienen sobre las ventas. No obstante, creo que es una buena forma de dar a conocer la imagen de las nuevas empresas del sector.

24. Solución: i
Transcripción: Tras haber analizado los datos meticulosamente, podemos asegurar que el sector de la ganadería ha sido el más afectado por la crisis, los expertos opinan que esto puede tener una estrecha relación con el efecto invernadero y la creciente desertización de la región sureste del país.

Tarea 5

Soluciones: 25b, 26b, 27c, 28a, 29b, 30a.
Transcripción:
Buenos días, muchas gracias por atenderme. Sin más dilación, voy a proceder a presentar mi proyecto. Pueden centrarse en las diapositivas mientras yo hablo. ¿Cuántas veces han visto por la calle a una persona por la que sentían algún tipo de atracción? Seguro que la respuesta es "muchas veces". Imagino que también se habrán preguntado cosas sobre esa persona: ¿estará soltera? ¿Comprometida? ¿Tendrá una relación abierta? Quizás esa persona también se fijase en ustedes, pero ninguno de los dos tuvo el valor suficiente para decirle nada al otro.

Personalmente, estoy harto de tener amantes y descubrir tras unos meses que no han sido sinceras conmigo. Creo que este problema afecta a gran parte de la sociedad, lo que significa que nuestros productos tendrán muchos clientes potenciales. Voy directo al grano, lo que les propongo hoy es crear una nueva moda que, de popularizarse, podría generar millones de ventas.

¿Y qué vamos a vender? Pues unos pequeños colgantes o gargantillas con diseños masculino y femenino que indicarán el estado de nuestra relación sentimental. De este modo, cualquier persona con la que nos crucemos por la calle podrá saber si estamos solteros, comprometidos o incluso viudos. Cada color tendrá un significado, piensen que un cliente podría llegar a comprar varios de nuestros colgantes durante su vida, cada vez que cambie su situación amorosa.

Para que este proyecto funcione, necesito su aportación económica, he calculado que la cantidad no debería ser inferior al medio millón de euros. Tengan en cuenta que para crear una moda necesitaremos publicidad, que muchos famosos lleven nuestros colgantes, que aparezcan en revistas y televisión y todo eso cuesta dinero.

Ahora bien, imaginen los beneficios. Si la moda se extiende a nivel mundial, podríamos estar hablando de multiplicar la inversión por cien, o incluso más. Estoy completamente seguro de que nos reuniremos aquí dentro de unos años y ustedes se sentirán completamente satisfechos con los resultados.

Ahora bien, tengan claro que, por mi parte, voy a hacer lo imposible para que esto salga adelante. Sería estupendo que colaborasen y se unieran al equipo, pero si deciden rechazar mi propuesta, buscaré a otros empresarios y, en unos años, ustedes verán a sus hijos e hijas con los colgantes que ahora tienen en estas diapositivas. Para terminar, me gustaría agradecerles su paciencia y, tras una breve ronda de preguntas para aclarar dudas, pasaremos a la sala contigua para tomar un café y charlar tranquilamente sobre sus impresiones.

Prueba 3, Expresión e interacción escritas

Tarea 1

Transcripción:
Ya a la venta el nuevo robot aspirador automático de la marca Robotik. El mejor aliado en su hogar para mantener el suelo limpio y brillante. El Robotik S4 es el más moderno de su categoría, posee una potencia de aspiración inigualable que le permite eliminar el polvo incluso de las alfombras de pelo largo. Además, incluye una nueva función muy novedosa, el Robotik S4 posee un depósito de agua y una mopa en su parte trasera, gracias a esto, es capaz de fregar el suelo y dejarlo brillante.

El sistema inteligente del robot crea un mapa de toda su casa, desde la aplicación móvil, usted podrá configurar la limpieza que desee, por ejemplo, puede seleccionar las habitaciones que el Robotik S4 debe limpiar y las que debe omitir.

La principal mejora con respecto a su predecesor, el Robotik S3, es el motor silencioso, apenas se escucha mientras está en funcionamiento. Otra innovación que incluye es la posibilidad de superar desniveles con un máximo de cuatro centímetros, lo que le permite subir a alfombras altas, e incluso a pequeños escalones.

El precio de salida es de quinientos noventa y nueve euros, pero los clientes que posean la tarjeta PLUS tendrán un descuento de treinta euros durante los primeros siete días del año. ¿A qué estás esperando? Reserva ya tu Robotik S4 y olvídate de limpiar la casa.

VOCABULARIO Y MODELO 2

1. 1 mudo, 2 tumba, 3 ambulatorio, 4 cerebro, 5 bautizo, 6 botiquín, 7 maquillaje, 8 esqueleto, 9 diagnóstico, 10 estrés.

2. 1 ponte/póngase, 2 arañó, 3 brindar, 4 anestesiar, 5 bostezando, 6 aplaudas, 7 se contagió, 8 mastique, 9 incineren, 10 agotando.

Prueba 1, Comprensión de lectura

Tarea 1
1c, 2a, 3b, 4a, 5c, 6b.
Tarea 2
7b, 8c, 9a, 10b, 11c, 12a, 13d, 14c, 15a, 16d.
Tarea 3
17b, 18f, 19h, 20d, 21a, 22g.
Tarea 4
23a, 24b, 25a, 26a, 27b, 28a, 29c, 30a, 31c, 32b, 33a, 34b, 35a, 36b.

Prueba 2, Comprensión auditiva

Tarea 1

1. Solución: c
Transcripción:
HOMBRE: ¿Ese es el folleto que estaba en el buzón?

MUJER: Sí, es de una organización que ayuda a personas con enfermedades terminales.

HOMBRE: ¿Y qué dice? Imagino que buscarán financiación o voluntarios.

MUJER: Exactamente, las dos cosas, creo que voy a suscribirme y aportar una cuota mensual.

2. Solución: c
Transcripción:
HOMBRE: Hola, ¿qué haces tú por aquí?

MUJER: Pues he salido a pasear, no hace falta que me abraces, tienes la camiseta muy mojada, ¿corres mucho?

HOMBRE: Diez kilómetros, de momento llevo cinco.

MUJER: Uhh, qué asco. ¿Tenías que escupir aquí en el suelo?

HOMBRE: Lo siento, es que tengo muchos mocos en la garganta, voy a continuar, adiós.

3. Solución: a
Transcripción:
MUJER: ¿Sabes algo de Jorge? Hemos visto el vídeo de la caída y estamos muy preocupadas.

HOMBRE: Ya se ha despertado, pero todavía no se puede mover, dice que está bien.

MUJER: Se habrá destrozado los músculos del abdomen, se golpeó de pleno en la barriga.

HOMBRE: Pues, según me han comentado, solamente tenía una costilla rota.

4. Solución: b
Transcripción:
MUJER: Cariño, así es imposible que me maquille, ¿vas a cambiar la bombilla esta de una vez por todas?

HOMBRE: Me pides muchas cosas de golpe, esta semana ya he reparado el robot de cocina.

MUJER: Bueno, si arreglas dos cosas en una semana no creo que te dé un ataque al corazón.

HOMBRE: Lo intentaré hacer mañana, pero no prometo nada, voy muy liado.

5. Solución: a
Transcripción:
MUJER: Buenos días, hace una semana compré una bata para mi marido, pero me he dado cuenta de que tiene un defecto, me gustaría devolverla.

HOMBRE: Muy bien, no ha tirado el ticket de compra a la basura, ¿verdad?

MUJER: No, aquí lo tengo, ni siquiera hemos llegado a quitar la etiqueta de la bata.

HOMBRE: Perfecto, entonces no habrá ningún problema.

6. Solución: c
Transcripción:
MUJER: Papá, no sé qué me pasa hoy, no tengo nada en contra de este guiso, pero creo que he perdido el apetito.

HOMBRE: Pues vaya, qué lástima, justo hoy que vamos a casa de tu abuela por la tarde, y creo que ha comprado langostinos.

MUJER: Quién sabe, es posible que allí me vuelva el apetito y lo devore todo.

Tarea 2

Soluciones: 7b, 8c, 9b, 10a, 11c, 12b.
Transcripción:
HOMBRE: Hola, Rosa. ¿Qué tal estás?

MUJER: Pues un poco preocupada, la verdad. Mi hermana se ha echado un nuevo novio, ayer fue con él a la comida familiar y... ¡Dios mío! Nunca había visto a una persona con tanto complejo de superioridad, es odioso.

HOMBRE: Bueno, no será para tanto, a pesar de que ahora se llevan muy bien, recuerdo que mi mujer tampoco le causó la mejor impresión a mi madre cuando se conocieron.

MUJER: Esto no es comparable, el novio de mi hermana se burló de mi padre por su profesión, dijo algo así como que arreglar interruptores y enchufes podría hacerlo hasta un mono.

HOMBRE: ¿Puedo darte un consejo? Ignórale por completo, tu hermana ya se dará cuenta de cómo es su novio, en unos meses será historia pasada.

MUJER: Bueno, ya veremos. ¿Qué me cuentas tú? ¿Cómo te va la vida?

HOMBRE: Pues me despidieron hace algunos meses, pero, por suerte, estoy cobrando el subsidio por desempleo. Así que tengo más tiempo para mis cosas.

MUJER: No sé si decirte que lo siento o que me alegro, recuerdo que no te iba muy bien estando en la misma empresa que tu hermano mayor.

HOMBRE: Sí, la verdad es que cuando se pone el traje y la corbata pierde todos los modales, es demasiado ambicioso.

MUJER: Pues quizás deberíamos presentarle a mi cuñado, seguro que se llevarían bien.

HOMBRE: No me lo digas dos veces que organizo un encuentro. Hablando de quedar, ¿tienes planes para el sábado?

MUJER: Pues tengo que ir al funeral de un familiar lejano.

HOMBRE: Vaya, yo quería invitarte a una fiesta de disfraces, pero casi mejor lo dejamos para otro día.
MUJER: Hasta pronto, Pepe.
HOMBRE: Adiós, Rosa.

Tarea 3

Soluciones: 13b, 14c, 15a, 16b, 17a, 18b.
Transcripción:
MUJER: Quiero dar la bienvenida a uno de los doctores más reconocidos en su campo, Alberto Galán, buenos días, es un placer tenerle con nosotros, háblenos un poco sobre su trabajo.
HOMBRE: Buenos días, el placer es mío. Pues desde hace algunos años lidero un equipo internacional cuyo objeto de estudio es la pérdida del sentido del olfato entre los pacientes que han sufrido coronavirus.
MUJER: A mucha gente le han sorprendido los síntomas de esta nueva enfermedad. ¿También a los profesionales de la salud?
HOMBRE: Sin duda, nos enfrentamos a algo totalmente nuevo. Una cosa curiosa es que la mayoría de los enfermos que hemos tratado, a pesar de gozar de un número de horas de sueño mucho mayor al habitual en sus vidas, se encuentran en un permanente estado de agotamiento. Siendo este uno de los síntomas que yo considero más leves.
MUJER: Un familiar mío lo pasó y me aseguró que experimentaba dolores fuertes durante los primeros días. ¿Es esto lo más común?
HOMBRE: Yo diría que todavía no sabemos lo suficiente para asegurar nada, es cierto que mucha gente se queja de los dolores, principalmente en la cabeza o el pecho, pero también hay pacientes que apenas sienten nada y aseguran pasar por un estado de relajación absoluta.
MUJER: ¿Y qué puede decirnos sobre su trabajo, doctor?
HOMBRE: Pues, creo que hablo en nombre de todos los investigadores al decir que estamos orgullosos de la evolución del estudio. Sin llegar a tener todavía un conocimiento completo de la enfermedad, podríamos decir que estamos mejorando a pasos de gigante en las labores de análisis y prevención.
MUJER: Recientemente han estado estudiando cómo afecta la enfermedad a los gemelos, al parecer son un caso especial. ¿Tienen ya algunas conclusiones?
HOMBRE: Efectivamente, hemos estudiado tanto a gemelos como a mellizos y trillizos y podemos afirmar, casi con toda seguridad, que pasan la enfermedad de un modo casi idéntico entre sí. Entre este grupo de gente, el índice de mortalidad es bastante inferior a la media.
MUJER: Esto suena casi a fenómeno paranormal, ¿usted cree en este tipo de cosas?

HOMBRE: Por compromiso con mi profesión no puedo permitirme creer en fenómenos médicos paranormales. Seguimos trabajando para obtener respuestas, siempre en la línea de la investigación original, pero ahora además introducimos nuevas técnicas que tenemos a nuestra disposición gracias a la mejora tecnológica de nuestro laboratorio.
MUJER: Les deseo lo mejor, muchas gracias.
HOMBRE: A usted.

Tarea 4

19. Solución: e
Transcripción: No te lo vas a creer, anoche hice una videoconferencia con mi familia, mi cuñada me mostró fotos de ella y de su hija con tres o cuatro meses de edad, son como dos gotas de agua, idénticas. No me cabe duda de que la naturaleza es algo increíble.

20. Solución: b
Transcripción: No entiendo esa nueva moda, están todas mis compañeras como locas, y todo porque se lo vieron a una cantante famosa. Se creen que mejora su imagen, pero en realidad van horrendas. ¿A quién se le ocurre depilarse las cejas para luego tatuárselas? Además, es para toda la vida. Yo no podría ni mirarme al espejo después de hacerlo.

21. Solución: h
Transcripción: Un gesto lo dice todo, no confíes nunca en las personas que alzan demasiado la frente, es una muestra de egocentrismo. Y todo aquel que hinche las mejillas como si fuera un hámster cada vez que termina una frase no merece ni que le dirijas la palabra, su gesto muestra falta de respeto.

22. Solución: c
Transcripción: La vida es cruel, y eso de que pagan justos por pecadores se ve más a menudo de lo que parece. Del golpe que le dieron le dejaron destrozados el hígado y el riñón. No me extrañaría que esto alterase por completo su forma de comportarse ante la sociedad. Nunca más volverá a confiar en nadie.

23. Solución: g
Transcripción: La torcedura de tobillo no ha sido tan grave como pensaba en un principio, la enfermera me apañó con una venda y dos tiras de esparadrapo. Volveré a entrenar en menos que canta un gallo. Durante mi ausencia, tú deberías ser el capitán del equipo, habla con los demás, a ver qué piensan.

24. Solución: i
Transcripción: Escuchadme bien, os digo esto porque deseo lo mejor para vosotros. No me extraña que vuestro hijo se ponga malo con tanta frecuencia, miradle, está helado el pobre, deberías de ser un poco más responsables y fijaros en esas cosas, su salud depende de vosotros. Si

le pasa algo realmente grave seréis los únicos responsables.

Tarea 5

Soluciones: 25b, 26c, 27a, 28a, 29a, 30c.
Transcripción:
Estimados compañeros, voy a proceder con mi presentación sobre el sujeto que he estado estudiando en mis últimas consultas. Para mantener el anonimato del paciente, no utilizaré su nombre ni su edad real, sino que le llamaré "Aquiles" y diré que tiene trece años.

Nos encontramos ante un individuo con un carácter fuerte, que expresa sus emociones con intensidad. No creo que esto se deba en su totalidad a las experiencias de su vida, sino que tiene un alto carácter hereditario. Ambos progenitores han dado muestras a lo largo de su vida de poseer una personalidad brusca.

No es un caso sencillo, por lo que he podido investigar de la infancia de Aquiles, su madre apenas pasó tiempo con él tras dar a luz, ya que carecía de un contrato de trabajo normal y no pudo disfrutar de su baja por maternidad. Este es un caso que, por desgracia, nos encontramos con mucha más frecuencia de la que nos gustaría.

En cuanto al padre de Aquiles, he descubierto que abandonó a la familia pocos meses después del nacimiento del bebé. Posee un amplio historial de denuncias, por atraco, secuestro y violación. Estaremos de acuerdo en que no se trata de un buen ejemplo para Aquiles y que nuestros esfuerzos deberían centrarse en alejar la imagen paterna de los pensamientos del joven.

Y toda esta mezcla explosiva ha dado como resultado a un joven adolescente muy susceptible, incapaz de controlar sus sentimientos, puede pasar de la alegría a la angustia o incluso al enfado en cuestión de segundos. Esta etapa de la vida es un momento que marca el futuro de las personas, debemos detener la conducta de Aquiles antes de que le provoque problemas graves en su vida.

Quizás piensen que estamos ante un paciente que ya ha echado su vida a perder y que no tiene ni dos dedos de frente, pero no podrían estar más equivocados. Aquiles cuenta con la capacidad de deducción increíble, jamás se queda en blanco a la hora de resolver un problema y podría sacar sobresalientes en todas las asignaturas, de no ser por su carácter.

¿Y en qué debemos centrarnos? Personalmente, pienso que en aquellas cosas que le aportan tranquilidad y ternura. Por lo que he deducido de nuestras conversaciones, Aquiles adora el entorno rural, creo que pasar más tiempo en un lugar así, alejado del estrés, le vendría muy bien para superar sus problemas. Antes de terminar, querría agradecer su atención, estaré encantada de escuchar sus dudas y sugerencias sobre el tema.

Prueba 3, Expresión e interacción escritas

Tarea 1

Transcripción:
Mi nombre es Milagros García y soy la creadora de la dieta definitiva. ¿Ustedes no están cansados de cambiar de una dieta a otra y no obtener resultados? Eso se acabó, mi estrategia funciona para todo tipo de personas, tanto para aquellas que gozan de una salud de hierro como para las que están más débiles.

¿Está pasando un mal momento? ¿Se encuentra deprimido? ¿Tiene problemas intestinales? ¿Dolores en la columna vertebral? Todo se soluciona como por arte de magia.

Siguiendo mi programa les aseguro que conseguirán alcanzar todos sus objetivos en menos de un mes. Olvídense de hacer ejercicio, todo el poder de su cuerpo se encuentra en la mente.

Las personas que ya están siguiendo mi programa garantizan que funciona, todas ellas se encuentran mucho mejor que cuando empezaron, algunas incluso han logrado acabar con las enfermedades crónicas o terminales que padecían.

Los problemas de tensión, de colesterol e incluso de ansiedad desaparecen en menos de una semana.

¡Vamos! ¿A qué está esperando? Apúntese antes de que se acabe el plazo de inscripción. El precio normal es de dos mil euros, pero solo durante veinticuatro horas puede comprar el paquete completo por cuatrocientos noventa y nueve euros. No lo deje pasar.

VOCABULARIO Y MODELO 3

1. 1 maceta, 2 pantano, 3 papelera, 4 inundación, 5 titular, 6 suscripción, 7 hogar, 8 inmobiliaria, 9 rumor, 10 abstención.
2. 1 declaró, 2 se habría incendiado, 3 barre, 4 formuló, 5 soplaba, 6 se extinguieron, 7 trasplantar, 8 riegues, 9 convertirse, 10 se agotarán.

Prueba 1, Comprensión de lectura

Tarea 1
1c, 2a, 3a, 4b, 5b, 6a.

Tarea 2
7b, 8a, 9d, 10b, 11c, 12c, 13a, 14a, 15d, 16c.

Tarea 3
17e, 18a, 19c, 20g, 21b, 22h.

Tarea 4
23a, 24b, 25c, 26a, 27b, 28a, 29a, 30b, 31b, 32c, 33a, 34c, 35a, 36b.

Prueba 2, Comprensión auditiva

Tarea 1

1. Solución: b
Transcripción:
HOMBRE: ¿Qué te pasó ayer? Me he enterado de que tuviste un percance.
MUJER: Sí, entré en la curva sin reducir la velocidad y había un bache enorme, creo que no hace falta que te cuente cómo acabé.
HOMBRE: ¡Ay, pobre! Por suerte, todo quedó en un susto. ¿Te multaron?
MUJER: ¡Claro que no! No había nadie.

2. Solución: b
Transcripción:
HOMBRE: La reunión fue un fracaso, la política medioambiental de la empresa no va a variar.
MUJER: Ya me lo imaginaba.
HOMBRE: Detesto el complejo de superioridad del encargado. No sé qué se cree.
MUJER: Lo que me extraña es que hayas tardado tanto en ver cómo es realmente.

3. Solución: c
Transcripción:
MUJER: Señor Ramírez, ¿qué opina usted sobre las modificaciones genéticas en los vegetales?
HOMBRE: Lo primero de todo, puedes llamarme Ángel, me siento viejo si me tratan de usted. Lo segundo, este es un tema complejo que requiere tiempo y café.
MUJER: Perfecto, Ángel. ¿Bajamos a la cafetería? Yo invito.
HOMBRE: De eso nada, esta vez pago yo.

4. Solución: a

Transcripción:
HOMBRE: ¿Sabes que ayer estuvo por aquí una senadora?
MUJER: ¿Y qué pidió? ¿Caviar y champán? Seguro que era una elitista.
HOMBRE: Para nada, estuve hablando con ella y me parecieron muy buenas sus ideas, apuesta por la justicia social y quiere hacer que desaparezca la discriminación social.
MUJER: Ojalá todos fueran como ella.

5. Solución: a
Transcripción:
MUJER: ¿Te has enterado de que han detenido a Marcos? Nuestro amigo de la infancia.
HOMBRE: Sí, parece ser que es sospechoso de un asesinato, pero él afirma que esa noche estuvo en una fiesta hasta las tantas de la madrugada y que hay varios testigos que pueden demostrarlo.
MUJER: Vaya, me he quedado paralizada cuando he oído la noticia.

6. Solución: b
Transcripción:
HOMBRE: ¿Vas a participar en el festival?
MUJER: Ni loca, componer se me da muy bien, incluso preparar el guion, pero actuar es algo que no va conmigo.
HOMBRE: Es una pena, a tus padres les encantaría verte.
MUJER: Ellos aprecian mi trabajo, créeme si te digo que estarán orgullosos de mí.

Tarea 2

Soluciones: 7b, 8a, 9c, 10b, 11c, 12a.
Transcripción:
HOMBRE: Hola, Mila. ¿Qué tal te va todo? Según he oído, no tienes motivos para quejarte.
MUJER: Has oído bien, la verdad es que me siento muy relajada, acabo de volver de mi vivienda de verano y he cargado las pilas por completo. Está en un lugar magnífico, en la costa asturiana, te voy a enviar unas fotos esta tarde.
HOMBRE: Pues vaya suerte que tienes, yo llevo un mes que voy como loco, de un sitio para otro comprando ladrillos y cemento.
MUJER: Eso sí que es una sorpresa. ¿Qué pasa? ¿Ahora te dedicas a la albañilería?
HOMBRE: No oficialmente, pero estamos haciendo unas reformas en el sótano.
MUJER: Ufff, odio las reformas. Ahora me he instalado en un ático muy

lujoso y espacioso, es muy de tu estilo, te encantaría. Hemos puesto placas solares, así utilizamos energía limpia.

HOMBRE: Sí, hay que cuidar el medio ambiente, nosotros llevamos un tiempo ya separando los residuos para su posterior reciclaje. Quizás algún día nos animemos también a instalar placas solares.

MUJER: ¿Sabes lo que voy a hacer ahora? Voy a salir a la terraza a disfrutar un poco de las vistas.

HOMBRE: No me das envidia, yo también tengo atracciones por aquí, ahora mismo voy a coger un trapo y voy a ponerme a quitar el polvo. Tengo diversión garantizada para un par de horas.

MUJER: No te creas que todo es disfrute por aquí, esta tarde tengo que enfrentarme a unos inversores odiosos, son como tiburones.

HOMBRE: Muchas suerte, te deseo lo mejor.

MUJER: Igualmente, a ver si nos vemos pronto Fran.

Tarea 3

Soluciones: 13c, 14b, 15a, 16c, 17a, 18b.
Transcripción:
MUJER: Nuestro invitado de hoy es el doctor en biología Mateo Aranda, bienvenido a nuestro programa.

HOMBRE: Buenos días, me temo que la información que tienen sobre mí es incorrecta, abandoné la carrera en el último año por motivos personales, así que no obtuve el título. Todo esto no quita que lleve más de diez años dedicándome a las ciencias naturales y posea una amplia experiencia en este campo.

MUJER: Bueno, un detalle sin importancia. Como nuestros espectadores habrán podido apreciar, estamos realizando esta entrevista por videoconferencia. ¿Dónde se encuentra usted en este momento?

HOMBRE: Pues estoy en Alaska, tendrán ustedes que perdonarme si mi conexión a la red se corta. Pero, a pesar de lo que podrán imaginarse, hoy hemos amanecido con un día primaveral estupendo. Aunque no quiero hablar demasiado sobre esto, aquí la climatología es bastante inestable y podría llevarme una sorpresa en unos minutos.

MUJER: Corríjame si me equivoco, usted no está allí por placer, sino que se encuentra realizando un estudio.

HOMBRE: Se podría decir que toda mi vida es un estudio constante de la naturaleza. En este momento estamos analizando el impacto medioambiental de los pozos petrolíferos de la zona. Le haré un pequeño adelanto, la cosa no pinta nada bien.

MUJER: ¿Y qué consecuencias tiene esto para la región?

HOMBRE: Catastróficas, hacemos todo lo que podemos, pero no somos suficientes. En estos momentos un grupo de voluntarios nos está ayudando a trasplantar unos diez mil arbustos autóctonos de una zona que ha quedado completamente inutilizada para el cultivo. Pero podría hablarle sobre especies únicas de setas que han desaparecido por completo o de mascotas envenenadas al beber el agua de riego.

MUJER: He ojeado su informe y me parece una situación preocupante, he entendido que hay incluso enfermedades terminales en humanos provocadas por este desastre ecológico.

HOMBRE: No, no es exactamente así. Es cierto que hemos detectado un altísimo porcentaje de casos de faringitis en la región, esto nos preocupa especialmente, ya que se trata de una variedad muy contagiosa. No estamos hablando de una enfermedad letal, pero sí de algo a tener muy en cuenta. Es imposible predecir lo que podría pasar de aquí a diez años.

MUJER: ¿Y qué solución ve usted a todo esto?

HOMBRE: Sin duda alguna, el gobierno debería implicarse y expulsar a las multinacionales que están devastando la región. Decirlo es fácil, pero nos encontramos en una situación en la que es difícil decir quién tiene más poder.

MUJER: Tiene razón. ¿Y qué opina sobre?... Ups, parece que hemos perdido la conexión con Mateo. Nos vamos un momento a publicidad y volvemos con la entrevista.

Tarea 4

19. Solución: f
Transcripción: Piénsatelo bien, no es solo por ti, es por todos. Se contamina igual al óleo que con acuarelas, da igual cómo lo hagas. ¿No crees que sería mucho mejor que usases un programa informático? Yo sé que dices que es tu pasión, pero ambos sabemos que nunca te dedicarás a esto profesionalmente.

20. Solución: d
Transcripción: Las zonas de baño de mi región dan asco, el agua está muy sucia, no me cabe la menor duda de que es debido a la contaminación. Ni siquiera se puede estar a gusto en el paseo marítimo. Prefiero coger el coche e ir a una playa nudista que está a unos ochenta kilómetros de mi casa, allí el agua sí que está transparente.

21. Solución: c
Transcripción: He visto tu evolución y no puedo salir de mi asombro. Recuerdo cuando usabas carretes y venías todos los martes a revelar tu trabajo. Ahora te has adaptado a las nuevas tecnologías y parece que te basta con enfocar, apretar el botón y disparar, pero todos los que conocemos la profesión sabemos que no es así.

22. Solución: h
Transcripción: Te lo digo porque eres mi amigo. He estado observándote durante toda la tarde. El primer error que cometes es al barajar, se aprecia que no posees una excesiva experiencia. Si a esto le añadimos que repartes con torpeza, llegamos a la conclusión de que esto no está hecho para ti. Hazme caso, búscate otra afición.

23. Solución: a
Transcripción: Lo primero que debemos hacer es acudir en persona a la oficina de nuestro operador de telefonía móvil e internet y romper el contrato en la cara del director. Nos están robando nuestro tiempo. Una vez hayamos hecho esto, empezaremos a ver las cosas de otro modo. A escuchar y sentir de verdad.

24. Solución: b
Transcripción: ¿Para qué hacer planes? Con el chaparrón que va a caer dudo que sea posible salir de casa. En las noticias han dado borrasca para todo el fin de semana. No nos quedará otra que apagar la tele, sacar un juego de mesa y disfrutar un poco en familia.

Tarea 5

Soluciones: 25b, 26c, 27a, 28a, 29c, 30a.
Transcripción:
Buenos días a todos, estoy aquí para hablarles de una realidad que hace apenas un año no era más que un sueño en la mente de este perfecto desconocido que soy para para ustedes. Pues bien, llegó el momento de las presentaciones, soy Agustín Rodríguez y me enorgullece decir que dirijo el medio de comunicación digital que más está creciendo en nuestro país en los últimos meses.

Tarjetanaranja.com apareció para que los usuarios sean los propios comunicadores y así crear un círculo mágico entre periodistas aficionados y lectores. Me explico, cualquiera puede publicar una noticia en Tarjetanaranja, siempre y cuando esté relacionada con el deporte. La noticia irá subiendo o bajando posiciones en la clasificación de artículos en función de los votos y comentarios positivos o negativos que le den otros usuarios. De este modo, las noticias que encontramos en la parte superior de la web son las de mayor calidad.

La historia de mi vida siempre ha estado relacionada con el periodismo, estuve casi tres años haciendo de enviado especial en el norte de Marruecos para un prestigioso diario de tirada nacional. Vi cosas increíbles, cruzar el Mediterráneo puede hacer sentir como si estuvieras en otro planeta.

De aquel trabajo aprendí muchísimo, eran otros tiempos, llamaba a cobro revertido y apenas veía a mi familia. Recuerdo que, por las condiciones del terreno, tenía que escribir la mayoría de mis artículos a mano y enviarlos por correo postal. Guardaba en mi maleta muchos reportajes que no eran de actualidad y se los entregaba en mano a mi jefe cada vez que volvía a casa.

Volviendo al tema de Tarjetanaranja.com, todo este proyecto empezó por casualidad, de una conversación en un bar de barrio, es una anécdota un tanto divertida que me guardaré para otro día. Lo importante en este momento es que los números son prometedores. Señores y señoras, creo que vamos a tener que comprar una caja fuerte más grande.

Para concluir, me encantaría animar a todos los aquí presentes a escribir un artículo en Tarjetanaranja. Permítanme que les dé algunos consejos para optimizar sus escritos: tan importante es el titular como el pie de foto, presten atención a cada detalle, revísenlo las veces que haga falta y, una cosa imprescindible, hagan que su artículo inspire alegría, felicidad, tristeza, lo que sea, pero que la gente sienta algo especial al leerlo. Muchas gracias por su atención, ha sido un placer, pueden consultar conmigo cualquier duda que tengan.

Prueba 3, Expresión e interacción escritas

Tarea 1

Transcripción:
El gobierno local ha anunciado esta semana su intención de implementar un nuevo impuesto sobre el azúcar. Varios de los productos de consumo común verán incrementado su precio Según aseguran desde el ayuntamiento, el impuesto variará entre los diferentes productos que contienen azúcar, siendo los refrescos y las chucherías los más afectados, ya que el ciudadano tendrá que pagar un 10% más que antes por ellos.

Raúl Oliver, alcalde de nuestra ciudad, ya llevaba un tiempo avisando de que los ciudadanos deberían hacer algún tipo de esfuerzo económico para ayudar a solventar la deuda que el municipio tiene con varias entidades bancarias.

Durante la campaña electoral, el actual dirigente ya puso su foco de atención en los productos que consideraba peligrosos para los niños. En aquel momento, Raúl Oliver no mencionó nada sobre un impuesto al azúcar, pero sí que habló de los peligros de las drogas y la delincuencia entre los más jóvenes.

Varios dueños de restaurantes, cafeterías y quioscos ya han protestado ante este impuesto que consideran injusto. Las primeras movilizaciones de los comerciantes están previstas para el próximo fin de semana. Por el momento, el gobierno local no ha dado ninguna noticia de que revisará este nuevo impuesto y sigue con sus planes de que se implante cuanto antes.

VOCABULARIO Y MODELO 4

1. 1 sacacorchos, 2 escaparate, 3 flotador, 4 peaje, 5 albornoz, 6 aguja , 7 banquete, 8 barril, 9 exprimidor, 10 matrícula.
2. 1 se quemó, 2 disfrutes, 3 tragaba, 4 pilotar, 5 ralles, 6 se pudrieron, 7 extravíen, 8 devoraron, 9 ayunan, 10 tapear.

Prueba 1, Comprensión de lectura

Tarea 1
1b, 2c, 3b, 4c, 5a, 6c.
Tarea 2
7c, 8b, 9d, 10c, 11a, 12c, 13d, 14b, 15a, 16d.
Tarea 3
17e, 18a, 19h, 20b, 21c, 22f.
Tarea 4
23c, 24a, 25b, 26a, 27a, 28c, 29b, 30b, 31c, 32a, 33c, 34c, 35b, 36b.

Prueba 2, Comprensión auditiva

Tarea 1

1. Solución: b
Transcripción:
HOMBRE: Marta, ¿de dónde vienes? Pareces cansada.

MUJER: Pues he estado unos días en el pueblo, mis padres celebraban sus bodas de plata y ya te imaginas, nos reunimos todos los primos.

HOMBRE: Vaya, ¿lo celebraron por todo lo alto? ¿Con fuegos artificiales y demás?

MUJER: Todo lo contrario, en su casa de campo, sin nada especial.

2. Solución: c
Transcripción:
HOMBRE: Me han comentado que ayer tuvisteis invitados.

MUJER: Sí, el jefe de mi marido vino con su esposa a cenar. Estuvo fatal que se marcharan sin despedirse. No entendí muy bien lo que pasó.

HOMBRE: Quizás tu marido hizo algo que no les agradó.
MUJER: Lo dudo mucho, él suele ser muy respetuoso.

3. Solución: a
Transcripción:
MUJER: ¿Has visto la última factura de la luz? Deben estar de broma.
HOMBRE: Pues a mí no me lo parece, creo que han subido la tarifa.
MUJER: Pero es demasiado.
HOMBRE: Tienes razón, voy a llamar y cancelar el contrato ahora mismo. Espero que encontremos algo mejor.
MUJER: Seguro que sí.

4. Solución: a
Transcripción:
HOMBRE: Creo que los clientes que usan su tarjeta de fidelidad deberían tener acceso a productos exclusivos, esto los animaría a hacérsela.
MUJER: No comparto tu opinión, la tarjeta es para los descuentos y esto ya es suficiente.
HOMBRE: ¿Y si les damos un regalo al rellenar el formulario de la tarjeta?
MUJER: Esto supone un coste, ¿quién correría con los gastos?

5. Solución: c
Transcripción:
MUJER: Escúchame bien, estoy firmemente convencida de tu implicación aquí en la cocina, pero desde la dirección de la cadena me han pedido que hagamos algunos cambios.
HOMBRE: Empiezo a asustarme. ¿Esto va a ser algún tipo de introducción educada para hablar de mi despido?
MUJER: Ni loca se me pasaría eso por la cabeza.

6. Solución: c
Transcripción:
MUJER: Cariño, ¿le has echado un ojo ya al itinerario de viaje?
HOMBRE: Aún, no, pero pensaba hacerlo esta misma tarde.
MUJER: Siempre dejándolo todo para última hora, recuerda que es imprescindible que imprimas los billetes.
HOMBRE: Tranquila, déjalo en mis manos.

Tarea 2

Soluciones: 7b, 8a, 9a, 10c, 11b, 12b.

Transcripción:
HOMBRE: Buenos días, Lola.

MUJER: Ojalá fueran buenos, me siento como si el intestino me fuera a explotar. Creo que voy a tener que ausentarme hoy de la conferencia.

HOMBRE: ¿Qué te pasó?

MUJER: Pues otra vez lo mismo, he pasado por la mañana por la tienda de la esquina, la de bruja esa que vende veneno en vez de comida, no sé cómo lo hace, pero me ha conseguido vender unas palmeras de chocolate que yo ni quería, y ahora mira cómo estoy.

HOMBRE: Pues a mí sus ensaimadas me parecen riquísimas. Casi todos los días devoro una o dos.

MUJER: Solo te diré una cosa, ten cuidado. El día que menos te lo esperes acabarás en el hospital con el colesterol por las nubes.

HOMBRE: No me preocupa eso, ni tampoco hacerme mayor, lo veo como algo muy lejano.

MUJER: Pues yo estoy constantemente pensando en el futuro, estoy buscando departamento y no miro nada que no tenga ascensor, por si algún día apenas puedo caminar. A partir de mañana solo voy a traerme almendras, nueces y avellanas para comer en la oficina, es mucho más sano.

HOMBRE: Pues yo seguiré con mis ensaimadas y mis típicas croquetas. ¿Ya te vas?

MUJER: Sí, voy a hablar un momento con la dependienta de la tienda. Tengo que dejarle las cosas claras.

HOMBRE: Quizás sea mejor que vaya contigo, sé cómo actúas cuando estás enojada, te pones furiosa.

MUJER: Gracias, pero prefiero ir sola. Tú eres demasiado tímido en estos casos y, a veces hace falta un poco de mano dura.

HOMBRE: Te deseo suerte.

MUJER: Gracias.

Tarea 3

Soluciones: 13a, 14b, 15c, 16c, 17b, 18c.
Transcripción:
MUJER: Buenos días, permítanme que presente a nuestro invitado de hoy, se trata de Rodrigo Segarra. Gerente de la conocida Ferretería Segarra que lleva en nuestra ciudad ya más de cien años y se ha convertido en el establecimiento comercial más antiguo de la ciudad.

HOMBRE: Buenos días, es un placer estar hoy aquí. Exactamente hoy hace ciento ocho años que mi bisabuelo decidió montar un pequeño y humilde negocio de barrio con el que sacar adelante a su familia. Sus descendientes lo hemos ido heredando. Este comercio ha sobrevivido a tres guerras, una dictadura y una pandemia mundial.

MUJER: Y lo que le queda. Háblenos sobre un momento difícil.

HOMBRE: Creo que de eso debería hablar mi bisabuelo, aunque esto ya no será posible. Se podrá usted imaginar que las condiciones laborales y de vida han mejorado muchísimo durante estos cien años. Me han contado que mi bisabuelo tuvo que enterrar a más de un empleado.

MUJER: ¿Hubo algún momento en el que pensaron en echar el cierre?

HOMBRE: Sí, y bastante reciente. Durante la pandemia nuestros ingresos cayeron muchísimo, apenas ganábamos como para mantener abierto el negocio, pero gracias a la ayuda económica de algunos de nuestros clientes más fieles conseguimos salir a flote y seguir en el mercado. Quiero aprovechar este momento para agradecerles todo su apoyo, lo que hicieron por nosotros fue increíble.

MUJER: ¿Cómo compite con las grandes cadenas de ferretería y bricolaje?

HOMBRE: Lo nuestro es algo más familiar, de barrio. Es verdad que en ocasiones he sentido decepción y desánimo al ver cómo muchos de nuestros clientes habituales nos abandonaban por ir a comprar a estos lugares ya que no podemos competir con sus ofertas. Pero siempre quedan aquellos que valoran mucho el trato familiar que aquí les damos y eso me enorgullece.

MUJER: Háblenos sobre su día a día, ¿qué ha hecho hoy?

HOMBRE: Poca cosa, la verdad. He abierto a las ocho como todos los días, he vendido un destornillador de estrella y he venido aquí, dejando a mi sobrino al cargo de la tienda.

MUJER: ¿Ya está pensando en dar paso a las nuevas generaciones de los Segarra?

HOMBRE: Hay que estar preparados para todo. Mi sobrino es una persona muy capaz, es ambicioso y profesional, pero todavía un poco perezoso. Es normal, acaba de cumplir dieciocho años, tiene toda la vida por delante para evolucionar.

MUJER: Ha sido un placer hablar con usted, muchísimas gracias por la entrevista.

HOMBRE: No hay de qué. Hasta pronto.

Tarea 4

19. Solución: b

Transcripción: Ayer por la noche estuvimos con mis suegros y mi cuñada en un restaurante del centro, nos invitaron porque era el santo de mi marido. Algo de lo que me tomé debía estar caducado porque me senté fatal la cena. Pedí lubina, imagino que fue la nata que había en la salsa.

20. Solución: d
Transcripción: El fin de semana pasado tuvimos invitados en casa, vinieron nuestros amigos de la infancia. Les sorprendí con mi plato estrella, empané unas pechugas y les añadí un poco de guindilla picante. Nadie se lo esperaba, así que todos me felicitaron y me dijeron que querían la receta para poder hacerla en sus casas.

21. Solución: a
Transcripción: Llegué allí muerto de hambre, yo no había tomado nada en casa pensando que aquello sería un gran banquete. No podía estar más equivocado, teniendo en cuenta todas las personas que vi allí apenas había nada de comer. Volví a casa y no tuve más remedio que pedir una pizza a domicilio.

22. Solución: g
Transcripción: Mi novio quiso tener un detalle conmigo y me llevó a uno de los asadores argentinos más prestigiosos de la ciudad. Yo me pedí un entrecot y él una ensalada. La carne tenía una pinta increíble, pero cuando la probé me di cuenta de que estaba literalmente helada por dentro, me enfadé muchísimo al ver que no era fresca.

23. Solución: i
Transcripción: Lo probé por primera vez hace unos meses en la boda de mi primo, estaba delicioso, desde entonces, lo busco por todos los bares y restaurantes. Sin duda alguna, el secreto estaba en la mágica combinación de tomillo, romero y albahaca. El siguiente paso es aprender a hacerlo en casa.

24. Solución: e
Transcripción: Anoche Marta y Miguel nos invitaron a su casa nueva, cada uno de nosotros preparamos algo de picar y ella se encargó de los platos principales. Tienen una cubertería y vajilla nuevas, tengo que decir que me encantó la ensaladera, era preciosa, quiero tener una igual en casa.

Tarea 5

Soluciones: 25c, 26a, 27b, 28c, 29b, 30a.
Transcripción:
Mi nombre es Ernesto López Arriaga, me gustaría relataros la experiencia que tuve junto a mi familia durante nuestra visita a la Costa Blanca. Nosotros somos del norte, por lo que tuvimos que cruzar todo el país para, después de una infinidad de horas de viaje, llegar a nuestro destino final, Benidorm, una de las joyas del Mediterráneo.
Me habían hablado mucho de la ciudad, pero es verdad que hay que

verla en persona para sentir todo su esplendor. Nos quedamos impresionados al contemplar Benidorm por primera vez, es espectacular acercarse a esos rascacielos que parecen no tener límite y tratar de contar inútilmente el número de plantas que tienen. El contraste es perfecto con la vista de las montañas que se encuentran tras la ciudad.

Pero, sin duda alguna, para mis hijos la mayor atracción fueron las playas. Cada día cumplían religiosamente su tradición: cogían su cubo, su pala y su rastrillo y se ponían a construir castillos en la orilla. Mi mujer y yo teníamos que recordarles constantemente que se pusieran debajo de la sombrilla, ya que todos somos bastante blancos de piel y nos quemamos con facilidad.

Ya os he dicho que somos del norte, lo que significa que somos personas muy precavidas. Si hubiéramos ido en avión, este no habría podido ni despegar por el peso de nuestras maletas, llevábamos de todo. A pesar de que viajábamos a Benidorm, fuimos cargados con nuestros anoraks, pasamos ocho días en la Costa Blanca y no los sacamos ni una sola vez de las maletas, ya hemos aprendido una lección para la próxima vez.

Normalmente pasamos todas nuestras vacaciones en hoteles o apartamentos, pero esta vez queríamos hacer algo diferente y decidimos ir de acampada dos días por las montañas de la zona. Tengo que decir que fue la primera y la última vez que hago algo así en mi vida. Compramos la tienda de campaña en una tienda de Benidorm, no sé si es que tenía agujeros por todas partes o es que yo no supe montarla bien pero, aunque hacía un calor de muerte, llovió las dos noches y nos mojamos muchísimo. Al volver a la ciudad, puse una reclamación en la tienda.

En general, fue un viaje muy interesante, os recomiendo que visitéis la zona. Si vais a ir preguntadme antes todo lo que necesitéis, estaré encantado de ayudaros. Hay algunas cosas que debéis saber, por ejemplo, las mejores rutas para evitar los peajes que, por desgracia, abundan en esa región.

Prueba 3, Expresión e interacción escritas

Tarea 1

Transcripción:
El próximo quince de agosto celebramos la gran inauguración del centro comercial "ELITE", un lugar con los comercios más exclusivos y prestigiosos de toda la provincia. Contamos con el salón de masajes de la famosa fisioterapeuta Ángela Botella, reserva ya tu cita a través de nuestra página web. Si estás pensando en hacer un regalo único a alguien especial, pasa por la prestigiosa joyería "SÍ, QUIERO", la mismísima

princesa luce a menudo pulseras y pendientes de este lugar. ¿Necesitas una reforma en tu hogar? En el despacho de Mireia Robles encontrarás a los mejores decoradores de interiores del país, te harán un presupuesto a medida, sin compromiso.

Pero esto no es todo, tenemos mucho más que ofrecer: productos ecológicos en el bazar "NATURE", vestidos de novia y de comunión en la tienda que la cadena "MULÁN" ha abierto en nuestro centro comercial, ¿te lo vas a perder?

Ven ya a hacer tus compras y disfruta del servicio de guardería gratuito que tenemos en el primer piso. Aparca tu coche en el aparcamiento subterráneo y, si prefieres que te lo laven mientras estás realizando tus compras, deja tu vehículo en el "Lavadero delfín". Te esperamos en la calle Mallorca, número treinta y dos. No te lo pienses ni un segundo más, el día de la inauguración te ofrecemos descuentos increíbles.

AGRADECIMIENTOS

A ti, por comprar y utilizar este libro, espero que te ayude a superar el examen DELE B2 sin problemas.

Para cualquier duda sobre el libro, escríbeme a mi dirección: ramondiezgalan@gmail.com

Si puedes dejar un comentario sobre el libro en la página web donde lo compraste me ayudarías muchísimo ☺

Muchas gracias a todas las personas que han colaborado con recursos gráficos o con sus voces para hacer posible la publicación de este manual:

Antonio Pérez	Gonzalo Ortega
María del Mar Díez	Francisco Pardines
Agata Łuczyńska	Jorge Llopis
María López	Mariano Aranda
Manuel Galán	Marta Galán
Joana Valldeperez	Lizeth García
Eduardo Rodríguez	José Carlos Navarro
Javier Pastor	Jennifer Moreno
Melez González	Alejandro Arriaga
Mayte Cortés	Noelia Bogado
Luis Suescun	Eva Castillo
Alba Pardo	Israel Nava
Alejandro Arriaga	Osmar Villarruel
Felipe López	Lorena Álvarez
Ana Moreno	Belén Contreras
Celia Jiménez	Santiago Bermúdez
Marga García	

LIBROS QUE TE PUEDEN INTERESAR

"NUEVO DELE A1", manual para preparar la prueba de español DELE A1. Incluye tres modelos completos del examen, ejercicios de preparación, consejos, audios y soluciones.

"NUEVO DELE A2", es un manual para preparar el examen de español DELE A2, contiene 4 modelos completos del examen, soluciones, consejos y ejercicios de vocabulario.

"Nuevo DELE B1", es un manual para preparar el examen de español DELE B1, contiene 4 modelos completos del examen, soluciones, consejos y ejercicios de vocabulario.

"Nuevo DELE C1", es un manual para preparar la prueba de español DELE C1. Incluye 4 modelos completos del examen, soluciones, audios, consejos y ejercicios de vocabulario. .

"NUEVO DELE C2", se trata de un manual para preparar el examen de español DELE C2, contiene 4 modelos completos del examen, soluciones, consejos y ejercicios de vocabulario.

"SIELE, preparación para el examen" es un manual para superar la prueba de lengua española SIELE. El libro contiene multitud de ejercicios desde el nivel A1 hasta el nivel C1,

"24 horas, para estudiantes de español" es una novela criminal adaptada para estudiantes, con una gramática muy sencilla que se puede entender sin problemas a partir del nivel A2 en adelante. La historia tiene lugar en Alicante, contiene aclaraciones de vocabulario, ejercicios y un juego de pistas.

"Vocabulario español A1" es un diccionario ilustrado por categorías y multitud de ejercicios para estudiantes de primer año de español. Es perfecto para consolidar el nivel básico de español. Incluye multitud de actividades online.

"La prisión: elige tu propia aventura" es una novela para los estudiantes de nivel más avanzado. Tiene 31 finales diferentes a los que llegaremos tomando diferentes decisiones. El objetivo es escapar de la prisión.

"Materiales para las clases de español" es un libro con cientos de recursos que los profesores pueden utilizar en sus clases. Incluye ejercicios de todo tipo y para todos los niveles, tanto para clases individuales como para grupos. El libro en sí, es una fuente de inspiración para los docentes.

"Hermes 2, para practicar el subjuntivo" es una novela de ciencia ficción para estudiantes de español. Leyendo las aventuras de la tripulación de una moderna nave espacial, podrás practicar los diferentes tiempos del modo subjuntivo.

"Conversación, para las clases de español" es un libro para profesores de español con multitud de ejercicios de expresión oral. Un manual con debates, situaciones de rol, ejercicios de exámenes, juegos y mucho más.

"Spanish for Business", es un manual para todas aquellas personas que utilizan la lengua española en su trabajo. El libro incluye un modelo completo del examen DELE B2.

"OBJETIVO SUBJUNTIVO" es un cuadernillo de ejercicios bueno, bonito y barato para practicar los diferentes tiempos del modo subjuntivo en español. Además, el cuadernillo da acceso a un curso online a un precio especial.

MUCHA SUERTE CON EL EXAMEN

PARA MÁS CONTENIDO GRATUITO, ÚNETE A LA COMUNIDAD DE INSTAGRAM:

EL SEMÁFORO ESPAÑOL

(PARA EL NIVEL B2 USA LAS TARJETAS NARANJAS Y ROJAS)

Y RECUERDA QUE EN LAS REDES SOCIALES DE SPANISH CLASSES LIVE TIENES TODAS LAS NOTICIAS SOBRE LOS EXÁMENES DELE.

Printed in the USA
CPSIA information can be obtained
at www.ICGtesting.com
LVHW021648311024
795377LV00026B/216

9 798739 720450